Zu diesem Buch

Das Drama, das sich da abspielt, verlangt ernst genommen zu werden. Die deutsche Erziehungstradition hat es mit Überheblichkeit behandelt. Schon das Wort «Trotz-Phase»! «Trotz» ist abwertend – Phase klingt nach «Augen zu und durch».

Angeregt durch die Erfahrungen mit ihrem eigenen Kind ist die Autorin dem Problem nachgegangen. Behutsam und mit vielen Beispielen versucht sie zu klären, woher der Zorn kommt, warum er im Kleinkindalter so oft eine heftige, ausbruchsartige Form annimmt und welche Probleme bei den Eltern damit einhergehen. Einfühlung beim trotzenden Kind fällt – anders als beim trauernden, enttäuschten oder versagenden Kind – oft sehr schwer.

Die Autorin zeigt, wie Eltern und Kinder in solchen Situationen miteinander umgehen. Solche Bearbeitungsweisen, halbfertige, versuchsartige, geben Anregungen und machen Mut, sich einem Problem zu stellen, das allzu gern mit der Decke des Verschweigens überdeckt und so der Diskussion und damit einem vernünftigen Umgang entzogen wird.

Dieses Buch ist für Eltern und alle an praktischen Problemlösungen Interessierte geschrieben. Das Stichwort «Frühkindlicher Trotz. Oder: Autonomiestreben» (S. 107) gibt einen Überblick über die wissenschaftliche Diskussion zum Thema.

Barbara Sichtermann, Jahrgang 1943, studierte Volkswirtschaftslehre und Soziologie, arbeitet seit 1978 als freie Autorin (u. a. schrieb sie «Leben mit einem Neugeborenen», 1980, und «Vorsicht, Kind», 1982), lebt mit ihrem Sohn, Jahrgang 1978, in Berlin.

Anregungen und Kritik bitte an folgende Adresse: Büro für wissenschaftliche Publizistik Dr. Horst Speichert, Teutonenstr. 32b, 65187 Wiesbaden. Hier erhalten Sie auch einen Prospekt der Reihe «Mit Kindern leben». Bitte schicken Sie uns einen frankierten DIN-A6-Umschlag.

Barbara Sichtermann

«Nein, nein, will nicht!»

Was tun, wenn Kinder trotzen?

Mit Radierungen von Burkhardt Söll

Rowohlt

Burkhardt Söll, der Grafiker, der die Radierungen zu diesem Buch machte,
Jg. 1944, studierte Malerei und Musik in Berlin. Er lebt und
arbeitet als Maler und Komponist in Leiden/Holland. Die Kaltnadel-
radierungen dieses Buches sind als Originale numeriert und signiert
über den Herausgeber zu beziehen.

Dies ist ein Buch aus dem
Büro für wissenschaftliche Publizistik
Dr. Horst Speichert
Teutonenstr. 32 b, 65187 Wiesbaden

Umschlagentwurf: Manfred Waller
(Foto: Radelt/Bildarchiv Huber)

71.–73. Tausend Januar 1998

Originalausgabe
Veröffentlicht im Rowohlt Taschenbuch Verlag GmbH,
Reinbek bei Hamburg, April 1983
Copyright © 1983 by Rowohlt Taschenbuch Verlag GmbH,
Reinbek bei Hamburg
Alle Rechte vorbehalten
Satz Times (Linotron 404)
Gesamtherstellung Clausen & Bosse, Leck
Printed in Germany
1090-ISBN 3 499 17694 7

Liebe Leser, liebe Leserinnen,

«ich zitterte, ich hatte das Gefühl, die Haare müßten mir zu Berge stehen. Ein tiefes Mitleid mit mir selbst überkam mich. Ich wollte gerade zu weinen anfangen, als Jesper die Bürste, die ihm entfallen war, aufhob und mir damit gegen das Knie schlug. Da griff ich von der Flurgarderobe meine Pelzmütze und schleuderte sie nach Jesper.» – Szenen eines immer wiederkehrenden Dramas – «Trotz».

Gegen-Trotz, Ärger, Zorn, Wut und auch handgreifliche Aggression, Erschrecken vor sich selber, schlechtes Gewissen, Hilf- und Ratlosigkeit – die oft wie aus heiterem Himmel herniederfahrenden Trotzanfälle machen die Eltern, insonderheit die Mütter, zu unfreiwilligen Teilnehmern an einem «Drama der Leidenschaften».

Zwei Frauen, die Hausfrau und ihre berufstätige Cousine Betty, beide von trotzenden Kindern gepeinigt, versuchen, in Gesprächen, zu denen sie auch andere hinzuziehen, den Trotz ihrer Kinder zu begreifen und mit ihm umzugehen: Lehrgespräche, sokratische Dialoge, an denen die Leser ihre eigene Phantasie entfalten und ihre Gegenargumente probieren können.

Und immer wieder brechen «die kleinen Wilden» mit ihrem Trotz, aber auch ihrem Kleinmut und ihrer Verletzlichkeit in die Gespräche ihrer Mütter und Eltern ein.

Da in diesem Buch ganz neue Wege gegangen werden, Fragen zu einem wichtigen Problem des Umgangs zwischen Eltern und Kindern zu bearbeiten, wäre ich als Herausgeber sehr daran interessiert, von Ihnen zu erfahren, ob und wie diese Form Sie angesprochen hat. (Meine Adresse finden Sie auf S. 2 unten.)

Auf Ihre Post freue ich mich!

Horst Speichert

Inhalt

Kapitel 1

Das Ende der selbstverständlichen Harmonie

«Du hättest Milena erleben sollen, als sie so anderthalb Jahre alt war. Ein freundliches, lachlustiges Püppchen. Unser Vater nannte sie immer ‹Miss Grübchen›. Und die Bäckersfrau sagte morgens: ‹Nun muß sie ja scheinen, die Sonne, was, muß sie doch, sonst setzt unsere Milena sie ab. Die kann's ja bald besser, was?› Mit Händen und Füßen konnte sie lachen, die Kleine. Und sie steckte alle an, sogar Max von gegenüber, ein schüchternes, ernstes Gör, gerade in die Schule gekommen. Wenn er Milena mit mir auf der Straße traf, widerstand er nicht, ließ sich an der Hose zupfen und griente: ‹Na, du . . .›»

Betty sah mich an. Ich versuchte, es mir in ihrem Sessel bequem zu machen. Die Kaffeemaschine gurgelte.

«Sie konnte auch energisch werden, meine Tochter», fuhr Betty fort, «wie alle Kleinkinder: wenn sie eine Tür nicht aufbekam oder wenn der Deckel nicht auf die Dose passen wollte, dann schnaufte, schimpfte, schrie sie – aber sie war sofort versöhnt, wenn man ihr half. Wenn ich Essen machte, fuchtelte sie mit den Armen und rollte ihre großen, runden Augen – aber sie konnte schon früh warten. Weißt du, es war so, daß man mir zu diesem Kind gratulierte: nichts wunderbarer als ein heiteres Baby. Wenn ich was hörte von Kindern, die nachts stundenlang schrien, nicht essen wollten – kannte ich alles nicht. Ich glaubte schließlich selbst, ich hätte mit Milena ein unverdientes – jedenfalls ein seltenes Glück gehabt.»

Betty stand auf, ging ein paar Schritte hin und her, knotete ihr Halstuch auf und lächelte mir zu.

«Bis eines Tages . . .» setzte ich fort.

«Bis eines Tages – ich weiß noch genau, was das für ein Tag war: ein Sonntag im letzten August, kurz vor Milenas zweiten Geburtstag – bis also an diesem Sonntag mir die Kleine das Mittagessen: Kartoffeln, Gemüse, Hackfleisch, bis sie mir das in ihren Bäckchen nach Hamsterart gespeicherte Mittagessen – ich hatte gar nicht bemerkt, daß sie es nicht schluckte –, bis sie mir also das gekaute Mittagessen ins Gesicht spuckte. Es war eine ganze Menge. Ich protestierte, wich zurück, tastete unter Flüchen nach einem Wischtuch, sie spuckte und prustete weiter, lief rot an dabei, gab einen heiser-trompetenartigen Ton von sich und versprühte dabei Feinzerkautes über Tisch, Stuhl und mich. Dann, als sie nichts mehr zu spucken übrig hatte, sah sie mich ernst, ja fast entgeistert an.»

«Viele Kinder machen so was», sagte ich, «ich habe das jedenfalls schon öfter gehört. Du solltest es nicht über . . .»

«Tu ich ja gar nicht.»

Betty nahm wieder Platz und schenkte Kaffee ein.

«Du verstehst mich miß. Die Sache als solche hätte ich mit einem Lachen abtun können. Nach dem ersten Befremden, versteht sich. Nein, der Grund, warum mir dieser Sonntag in Erinnerung geblieben ist, . . .»

Eine Kriegserklärung

Betty hatte trinken wollen, aber sie tat es nicht. Sie stellte die Tasse ab.

«Es war ihr Blick. Ihr Gesichtsausdruck. Weißt du, das war eine Kriegserklärung!»

Da Betty nicht weitersprach, fragte ich: «Eine Kriegserklärung?»

«Ja, so würde ich es heute nennen.»

«Und damals – was empfandest du?»

«Beunruhigung, Druck – oder: ein Ende der Harmonie. Ja, das war es. Ich empfand das Ende einer Gemeinsamkeit oder auch Gefolgschaft. Vielleicht klingt das zu dramatisch, aber ich habe

diesen Tag, diesen Mittag, dieses Mittagessen als einen Wende-
punkt in Erinnerung, der die Zeit der unbefragbaren Gemeinsamkeit mit meinem Kind plötzlich und, ja, für mich grundlos und
deshalb auch – irgendwie grausam unterbrach. Abbrach. Es war
so: ich wischte ihr den Mund, wischte dann an mir und dem Tisch
herum, schimpfte ein bißchen: ‹Das geht aber nicht ...› ‹Was hast
du dir denn dabei gedacht ...› ‹Hör mal, Millie, das ist wirklich
eine grobe Sauerei.› Sie guckte immer noch unverwandt, dann lächelte sie ein wenig. ‹Wo hast du denn das gelernt?› Blöde Frage,
aber ich hab sie gestellt. ‹Schmeckt dir das Essen nicht?› ‹Essen
schmeckt gut›, sagt Milena. ‹Also dann.› Ich bin erleichtert, mache
ihr einen Löffelvoll zurecht, füttere sie. Ich achte wieder nicht darauf, ob sie runterschluckt oder nicht, schließlich hat sie das bis
heute immer getan. Ich sehe sie kauen und komponiere den nächsten Löffelvoll: ein bißchen hiervon, ein bißchen davon. Sie sperrt
das Schnäbelchen auf, ich füttere sie.»

Betty lehnte sich zurück, senkte die Stirn und sah mir in die
Augen.

«Und sie prustete wieder alles aus», sagte ich nach einer kleinen
Pause.

«Ja. Einen feinzerkauten Brei. Zum zweitenmal.»

«Vielleicht war sie ganz einfach satt?»

«Unsinn. Ich meine: großen Hunger hatte sie bestimmt nicht
mehr. Aber sie spuckte das Essen nicht deshalb aus, *weil* sie satt
war. Im Gegenteil: weil sie Hunger hatte. Auf Zwist.»

«Ich glaube nicht, daß Kinder von sich aus Streit wollen. *Wenn*
sie aggressiv werden, dann deshalb, weil wir, die Erwachsenen,
ihnen zu viele Einschränkungen zumuten oder sie falsch behandeln –»

«Hör bloß mit diesen Sprüchen auf. Wenn ich das schon höre:
zumuten, falsch behandeln ... Als neulich unsere Garagentür kaputt war, sagte der Schlosser: da liegt ein Bedienungsfehler vor.
Verstehst du, wir hatten den Türgriff falsch rumgedreht, deshalb
hatte sich ein Zapfen verbogen. Daran muß ich denken, wenn ich
so oberschlaue Leute höre: Sie behandeln Ihr Kind falsch. Wenn
Ihre Tochter aggressiv ist, so liegt ein Bedienungsfehler vor. Du
liebe Zeit! Mein Kind ist keine Garagentür, und ich bin nicht jemand, die sie wie einen Apparat bedient.»

Betty stand auf, nahm die Kanne: «Willst du noch Kaffee?»

Ich schüttelte den Kopf. «Aber wenn du einen Cognac hättest –» Während Betty ins Nebenzimmer ging, redete sie mit erhobener Stimme weiter.

«Entschuldige, daß ich heftig geworden bin. Ich lebe im Moment mit sehr viel Heftigkeit. Du wirst das alles auch noch durchmachen.»

«Und wie ging die Sache mit dem rausgeprusteten Essen zu Ende?»

«Gar nicht.»

Betty gab mir ein Gläschen und schenkte Cognac ein. Als sie die Flasche abdrehte, flüsterte sie: «Weißt du, daß ich einen ganz hübschen Verbrauch habe zur Zeit?»

Sie nahm einen Schluck aus der Flasche. «Also, die Sache ging überhaupt nicht zu Ende. An diesem Mittag prustete Millie jeden weiteren Löffel raus, und sie nimmt sich die Freiheit, durchgekautes Essen rauszuprusten, wann immer ihr danach ist. *Obwohl* – oder vielleicht: weil? – sie weiß, daß ich es abscheulich finde, daß es mir viel Arbeit macht, daß es schade um das Essen ist. Sie macht es wohl in einem Zustand unkontrollierbaren Übermuts, einer Art rotzfrecher Provokationslust.»

«Hast du – mit ihr über die Sache gesprochen?»

«Natürlich. Immer wieder. Ruhig und vernünftig. Und auch mal weniger ruhig.»

«Hast du sie bestraft?»

Betty seufzte. Sie nahm noch einen Schluck aus der Flasche, sie sah auf die Uhr.

«Auch das habe ich getan. Ich habe sie bestraft –»

«Wie?»

«Ich habe ihr einen Zirkusbesuch verweigert. Und ich habe ihr gedroht. Beides widerstrebt mir im Grunde – wie dir sicher auch. Natürlich hatte ich fest vor, auf Drohungen und Strafen zu verzichten. Jaja, man ist sehr klug in diesen Fragen, solange man selbst keine Kinder hat und immer nur die ‹Fehler› sieht, die die anderen machen.»

Betty zog die Knie auf ihren Sessel hoch und machte die Augen zu. Sie sah erschöpft aus wie eine Pazifistin, die man ins Feld gezwungen hat und die nun von ihren Niederlagen berichtet.

«Das Schlimmste», sprach sie, ohne die Augen zu öffnen. «Ich habe Milena geschlagen.»

«Nein!»

«Doch. Habe ich.»

«Öfter?»

«Ein paarmal.»

«Heftig?»

«Ach – nicht allzu heftig, hoffe ich.»

«Wohin?»

«Einmal auf die Hände. Und seitlich auf den Po. Niemals ins Gesicht, nein, das hätte ich nicht gekonnt.»

«Und hattest du nachher Gewissensbisse?»

«Klar hatte ich Gewissensbisse. Ich habe mich bei Milena entschuldigt, und ich bin gar nicht sicher, ob das richtig war. Ich habe abends im Bett geheult – und mir geschworen, nie wieder die Hand gegen Millie zu erheben. Ich habe den Schwur gebrochen, ich habe fast reflexartig zugehauen, als ich mal wieder die Frisur voll durchgekautem Essen hatte. Jetzt bin ich am Ende . . . Deshalb habe ich dich angerufen.»

Herzklopfen, Schweißausbrüche: Probleme auf der ganzen Linie

Ich schenkte mir vom Cognac nach, schlürfte davon, ehe ich antwortete.

«Ich will dir gern helfen. Nur: mir fehlen eigene Erfahrungen. Jesper ist ein so liebenswürdiges Kind –»

Betty öffnete die Augen, hob die Brauen und guckte mir so lange mitten ins Gesicht, bis wir beide lachen mußten. Ich fühlte mich nicht behaglich.

«Jeden Moment kommt Millie mit Theo nach Hause», sagte Betty. «Ich will deshalb schnell das Wichtigste erzählen. Das Essen-Prusten blieb nicht die einzige Provokation. Sie fing plötzlich an, aus Jux aufs Sofa zu pinkeln oder auf die rote Brücke in Theos Arbeitszimmer. Sie tat das nicht regelmäßig, aber immer wieder, wenn sie, scheint's, Lust hatte, mir eins zu verpassen. Das Anziehen zum Ausgehen wurde eine Quälerei. Ich brauche nur die Mütze vom Haken zu nehmen, da fängt sie an zu türmen; zwei-, dreimal durch die Wohnung, und wenn ich sie dann erwischt hab, gibt's ein Gezappel und Getrappel, daß du eine Meisterin an Ge-

13

schicklichkeit sein mußt, um dieses mit allen Gliedern zuckende, schlackernde Gör anzuziehen. Wenn ich schimpfe, treibt sie es um so toller – dabei singend, plappernd, kein Ohr für meine Vorhaltungen. Ach, Kämpfe gibt's um die nichtigsten Anlässe. Plötzlich will sie nicht aus dem Haus. Aber ich *muß* zum Fleischer. Sie zetert, plärrt, tobt. Schmeißt mit ihren Stiefeln und trampelt so, daß bei den Leuten unter uns der Kronenleuchter wackelt. Am heikelsten ist's aber immer noch mit dem Essen. Es ist so weit gekommen, daß ich mich davor fürchte, mich mit Millie an den Tisch zu setzen. Und das – das war früher unser Schönstes. Ich decke den Tisch mit Herzklopfen und fülle das Essen auf unter Schweißausbrüchen. Ich denke bei mir: Womit hab ich das verdient? Warum muß ich so leiden? Meine autoritäre Großmama fiel mir ein, ein viereckiges Weib mit gewaltigem schwarzgrauen Knoten, streng, aber gerecht, gefürchtet *und* geliebt von uns Kindern. Sie hätte einer prustenden Millie einfach eine runtergehauen und gleich darauf tief aufgelacht. Ich versuchte, wie meine Großmama zu sein – laut, entschieden, humorig – aber *ohne* jene Backpfeifen-Konsequenz. Ich denke da wie du: daß Schläge gegen Kinder von einer neuen Moral nicht mehr toleriert werden, daß wir selbst, du, ich und viele andere junge Eltern diese Moral übernommen, ja: mit gebildet haben – das halte ich für einen Fortschritt. Ich will nicht dahinter zurück. Gibt es einen schrecklicheren Ton als das Geheul eines geschlagenen Kleinkindes? – Ohne ihre ‹lockere Hand› war meine Großmama als Idee, als Gestalt unvollständig, ‹unwahr›, nicht mehr zum Leben zu erwecken. Sie war, merkte ich, tatsächlich tot, als Idee und Gestalt von gestern. Ich mußte es mit Milena als eigenes Ich schaffen, ohne Anleihen bei abgelebten Autoritätsfiguren. Also versuchte ich es auf meine Art: mit Reden, Vernunft, Einfühlung, Ablenkung. Mit Geduld, Ruhe, Zuspruch. Es ging schief.

Marion, es ging schief. Ich bin gescheitert. Diese neue Kinder-Partner-Figur, die ich abgeben soll, die ich ja selbst gern sein will: sie ist auch unvollständig. Sie ist noch unausgebildet. Irgend etwas fehlt an ihr. Sie ist der Wirklichkeit, der harten Wirklichkeit mit einem trotzenden Kind nicht gewachsen. Die Idee ist gut, aber es mangelt an Praktikabilität. Laß uns gemeinsam rausfinden, was da fehlt. Es muß einen Weg geben: so umzugehen mit dem trotzenden, provozierenden, zornentbrannten, um sich schlagenden

Kleinkind, daß weder das Kind noch wir selbst allzuviel zusetzen an Selbstvertrauen und körperlich-seelischer Integrität ...»

«Kann ... kann Theo dir nicht helfen?»

«Wenig.» Betty wandte den Kopf, ging ans Fenster und sah hinaus. «Ich hatte richtig gehört. Da kommen die beiden. Weißt du», sagte sie und trug die Cognacflasche ins Nebenzimmer zurück, «bei Theo ist Milena ein anderes Kind: freundlich, ansprechbar, manchmal bockig, aber nie sehr lange und nie sehr schlimm. Er hat auch mehr Geduld mit ihr, weil er viel seltener mit ihr zusammen ist. Das bedeutet für mich, daß mir Gespräche mit Theo nicht so viel bringen. Ich brauche jemand, die ebenso ‹drinsteckt› wie ich. Ich hatte gehofft, daß du ...»

Betty ging zur Tür. Vom Flur her hörten wir Milenas Stimme. «Mama –» Da kam sie angestürmt, die Kleine und fiel Betty um den Hals. «Wir haben Pommes frites gegessen», berichtete sie. «Wer ist die da?»

«Das ist Marion, weißt du. Die Mutter von Jesper. Du kennst die beiden doch schon. Marion ist meine Cousine. Sie wohnt jetzt auch in unserer Stadt.»

«Du sollst keine Cousine haben.»

«Aber warum denn nicht?»

«Ich gehe jetzt nach Hause, Milena», sagte ich. «Soll ich mit Jesper mal wiederkommen?»

«Jesper ist doof», versetzte Milena, «er macht noch in die Hose.»

«Er ist ja auch viel kleiner als du.» Betty stellte ihre Tochter auf die Füße. «Als du so klein warst, hast du auch noch –»

«Gar nicht kleiner, der Jesper ist riesengroß. Und die da soll nicht wiederkommen.»

Ich winkte beiden von der Zimmertür aus zu. «Auf bald, Betty.»

«Auf bald. Grüß Rolf und Jesper.»

Jesper hat die Hosen voll

Draußen dämmerte es. Ich lief dem Märzwind davon. Dabei dachte ich an Jesper. Es war jetzt die Zeit, daß Kurt, sein Babysitter, ein freundlicher Schüler aus dem Nachbarhaus, mit ihm heimkommen müßte. Jespers Freude immer, wenn er mich wiedersah!

«Mama – Arm!» Keine Streitlust, keine Weigerungen, nur selten mal eine Quengelei. Arme Betty! Ich erinnerte mich noch gut an die begeisterten Briefe, die sie mir schrieb, als Millie die ersten Worte sprach. Damals lebte ich mit Mann und neugeborenem Sohn im Ausland, hatte wenig Kontakt und freute mich über jedes Wort meiner Cousine. Auch ich hatte sie damals beglückwünscht: so eine liebe Tochter.

Nun sah alles anders aus.

Seit ein paar Wochen erst lebten wir nah beieinander, Betty und ich, und schon rief sie um Hilfe.

Waren vielleicht ihre Nervosität, ihr Ehrgeiz, ihre Jugend, war ihr – Schicksal schuld? Betty hatte gerade ein eigenes Zimmer bezogen und eine Ausbildung als Dolmetscherin begonnen, als sie schwanger wurde. Es war schwer für sie, aber sie entschied sich für das Kind. Ihr Vater, mein Onkel Theo, holte sie zurück in die gemeinsame Wohnung, die sie gerade verlassen hatte. Er bestärkte und beschützte Betty, und als das Kind auf der Welt war, übernahm er auch die Vaterrolle. Betty war glücklich. In ein paar Wochen bekommt Milena einen Kindergartenplatz, dann wird Betty ihre Ausbildung fortsetzen. Sind das nicht trotz allem normal-befriedigende Bedingungen, ist nicht Theo auch für Milena ein liebbesorgter Vater? Oder? Wer weiß, dachte ich, vielleicht bleibt ja doch etwas hängen von den Lasten und Ängsten der ersten Schwangerschaftswochen . . .

Ich lief die Treppen rauf, zwei Stufen auf einmal. Jesper war ein erwünschtes Kind, er hatte Mama *und* Papa. Ich schloß die Tür auf und trat ein, mit offenen Armen.

«Jesper?»

Ein Rumoren, dann Kurts Stimme, in Alarm:

«Deine Mutter wird ziemlich sauer sein, glaub ich.»

«Was ist los?» rufe ich über den Flur.

Kurt kommt aus dem Kinderzimmer, er ist rot im Gesicht und atmet rasch. «Jesper will sich nicht wickeln lassen. Er ist seit zwei Stunden voll, aber er wehrt sich mit Händen und Füßen, wenn ich ihm die Hose ausziehen will.»

«Das gibt's doch nicht.»

Ich nähere mich dem Kinderzimmer, ein wenig beklommen. Da sitzt Jesper, zwischen Bauklötzen, in der Ecke neben seinem Bett, er macht ein finsteres Gesicht.

18

«Spätzchen –» singe ich und lächle, der Suggestion meiner Erscheinung vertrauend, «komm auf meinen Arm.»

«Kurt soll weggehen», ruft Jesper.

«Hattet ihr Streit?»

Kurt traut sich heran, über dem Arm immer noch die vergebliche frische Hose für Jesper. «Eigentlich nicht», sagt er. «Daß Jesper sich so wehrte – das kam aus heiterem Himmel.»

«Kurt soll weggehen!»

«Es ist vielleicht besser, Sie gehen», sage ich, «vielen Dank – ich ruf Sie wieder an.»

Kurt zuckt die Achseln, er sieht unfroh aus. «Tut mir leid.» Dann gibt er mir die Hose und läuft los.

Mit der Hose in der Hand fühle ich mich der Situation wieder gewachsen. Was Betty von ihren früheren gemeinsamen Mahlzeiten mit Milena erzählte, das kenne ich vom Wickel-Schmusen mit Jesper: zärtliche Szenen, auf die wir uns beide freuen. Warum sollte sich da etwas geändert haben?

Als verscheuchte ich eine Grille, schwenke ich die Hose und summe Jespers Lieblingslied: «Wenn ich ein Vöglein wär ...» Dann, neben der Kommode, die vertraute Einladung: «Kommt mein Schatz zum Wickeln? Raufheben oder raufklettern?»

«Nein, nein, will nicht!»

Jespers Augen funkeln. Er hält einen Klotz umklammert, er haut mit dem grünen Holzwürfel gegen seine Bettkante. Es ist ihm ernst.

«Nein! Nein!»

«Aber Jesper, du bist voll, mein Kind. Man kann es riechen, hörst du? Komm, sei kein Schäfchen, komm zum Wickeln.»

«Nein, will nicht wickeln.»

«Aber warum denn nicht?»

Jesper brüllt. Sein Gebrüll ist eine Warnung. Ich hatte einen Schritt auf ihn zu getan.

Ratlos bleibe ich stehen. Ich halte die frische Hose über dem Arm, wie Kurt sie vorhin gehalten hat. Ich prüfe, ob die Knöpfe noch festsitzen und schüttle über mich selbst den Kopf, während ich einen losen Faden abreiße: tu ich doch, als wär gar nichts.

Nun muß etwas geschehen.

«Schau dir diese hübsche, karierte Hose an, meinst du nicht, daß –»

«Neieinnn!»

«Gut. Dann lege ich die Hose hier auf die Kommode, und wenn du Lust zum Wickeln hast, sagst du Bescheid.»

Sehr gefaßt verlasse ich das Zimmer, stolz auf meine Ruhe. Gleich darauf ist Jesper an meiner Seite, er verlangt Milch, einen Schnuller und einen Schraubenzieher.

«Was willst du denn mit'm Schraubenzieher?»

«Haus bauen.» Jesper schleppt seine Klötze auf den Flur. Ich erfülle ihm seine Wünsche. Dabei äuge ich nach seinem Hosenboden. Die Hose ist durch; überall, wo er sich jetzt hinsetzt, hinterläßt er eine unangenehme Spur.

Ich spreche Jesper auf dieses Problem an. «Du darfst dich nirgendwo hinsetzen. Solange du nicht frisch gewickelt bist, mußt du stehen oder laufen.» Kaum kommt die Rede aufs Wickeln, schließt sich Jespers Miene. Mürrisch beißt er seinen Schnuller. Dann verschwindet er in Richtung Garderobe und versteckt sich dort zwischen den Mänteln.

«Jesper, komm raus, was soll das, du schmierst unsere Mäntel voll.»

«Nein, nicht raus.»

«Komm her, Jesper.»

«Neieinn, will ni-icht –» Die Mäntel wogen. Mein schwarzweißes Cape fällt zu Boden, Jesper ist sofort mit den Schuhen drauf.

«Jesper!»

Er heult, ein schauriger Ton, dumpf und fremd hinter all den Mänteln. Ich begreife nichts mehr. Wozu, um Gottes willen, dieses unheimliche Theater?

«Komm sofort da raus, Jesper, oder ich ho –» Weiter komme ich nicht. Etwas schlägt gegen meine Braue, ich fahre mit den Händen vor die Stirn, und während ich aufschluchze vor Schrecken, Schmerz, Empörung, erkenne ich, daß es der grüne Bauklotz ist, der mich da getroffen hat.

Jesper ist verstummt.

Ich sehe seine Füße, seine Beine in schlotternd-durchweichten Hosen. Zwischen zwei Mänteln eine kleine Hand.

Wenn ich ihn jetzt umfaßte, auf den Armen trüge, trotz der durchweichten Hosen, wenn ich ihm zuredete und ihm verziehe ... Schon bin ich fast entschlossen, da fällt mein Blick auf den grünen Klotz.

Ich lasse die Hände sinken. Statt auf Jesper zu gehe ich ins Wohnzimmer, zum Telefon. Ich wähle Bettys Nummer.

Theo ist am Apparat. «Betty bringt gerade Milena ins Bett. Es ist ein bißchen schwierig heute abend. Milena hat Betty einen Löffel voll durchge –»

«Schon gut», stöhne ich. «Bitte richte Betty aus, daß ich gleich morgen abend kommen möchte. Sie weiß, worum es geht.»

Kapitel 2

Die Probleme mit dem Trotz:
Was die Eltern durchmachen

Betty hatte Wein kühl gestellt, Käse und Oliven aufgedeckt. «Man muß etwas für sich tun, wenn man Sorgen hat», sagte sie. «Lang zu!» Sie öffnete eine Flasche Frascati.

«Die Knie haben dir gezittert, sagst du?»

«Ja, als ich den Hörer auflegte, merkte ich: ich muß mich erst mal setzen.»

«Und dann?»

«Ich hatte gehofft, Jesper käme von sich aus zu mir, aber es geschah gar nichts. Ich wartete – vielleicht fünf Minuten. Dann ging ich wieder auf den Flur. Jesper schrie los, als er meine Schritte hörte. Wieder wurden mir die Knie weich. Ich ging an der Garderobe vorbei in die Küche. Da begann ich dann mit dem Abendbrotmachen.»

Ich verstummte und sah Betty ratlos an, als wüßte sie die Fortsetzung der Geschichte. Betty reichte mir eine Olive. «Nimm», sagte sie, «Salz macht gesprächig.»

Ich aß und mühte mich um die Bilder von gestern abend.

«Er muß dann unter den Mänteln hervorgekommen sein und sich wieder zwischen seine Bauklötze gesetzt haben. Ich hörte ihn draußen rumoren. Als dann das Fett in der Pfanne zischte und die Abzugsklappe anfing zu brausen, war ich ganz froh, daß ich keine Geräusche vom Flur mehr zu deuten brauchte. Schließlich rief ich: ‹Jesper, möchtest du ein Spiegelei mit Speck?› Jesper erschien auf der Schwelle, blaß im Gesicht, Tränenspuren an der Nase. Er suchte und fand irgend etwas unterm Tisch. Sein Anblick rührte

mich, aber er machte mich, da meine offenen Arme nichts mehr galten, auch hilflos; und weil er mich hilflos machte, machte er mich böse. Ich rief: ‹Willst du nicht mit diesem Theater aufhören und lieber ein Spiegelei mit mir essen?›

Jesper knurrte: ‹Ich will nicht.›

‹Kommst du jetzt?!›

‹Neieinn!›

Da passierte es, daß seine Hosenträger, ausgeleiert wie sie ohnehin waren, die volle und nasse, nun zu schwere Hose nicht mehr tragen konnten, aufgingen – und der ganze Kladderadatsch, Hose, Inhalt und Jespers Selbstbewußtsein, alles rutschte auf den Boden. Ich natürlich hin, um aufzuheben, auszuziehen, abzuwischen. Das machen wir ja automatisch. Aber ich kam wieder nicht weit. Diesmal traf er nicht, aber was mir da am Ohr vorbeiflog, das hatte er mit ganz hübscher Kraft geschleudert. Es war der Schraubenzieher.»

«Oje. Und du?»

«Ich weiß nicht, was ich getan *hätte* . . . Ich war fertig in diesem Moment. Rolf stand plötzlich hinter Jesper. Ich hatte ihn nicht kommen hören. Ich sah sein erstauntes, sein vertrautes Gesicht und sank heulend auf den Küchenstuhl. Ich mußte nicht viel erklären. Rolf war ganz prima. Er nahm Jesper mit und brachte ihn ins Bett. Später erzählte er, daß Jesper ganz der alte gewesen sei: anschmiegsam, gesprächig, ein bißchen albern.»

«Und was empfandest du, als die beiden miteinander loszogen?»

«Also, falls du denkst, ich sei eifersüchtig gewesen: das war ich nicht. Besorgt schon; was war das mit Jesper? Im Augenblick aber war ich nur erleichtert. Ich aß erst mal das Spiegelei. Was war ich froh, daß endlich jemand diesen Hosenhaufen entfernte. Und daß nun abzusehen war: Jesper kriegt 'ne neue Windel. Die überfällige Wickelprozedur hatte wie ein Dorn unterm Nagel gesessen. Die ganze Zeit hatte ich in meiner Vorstellung Jespers samtene Po-Haut gesehen, wie sie von Minute zu Minute dichter von rot-brennend-pickligem Ausschlag bedeckt würde . . .»

«Ja, es ist verdammt schwer, von diesem Pflege-Perfektionismus mal wegzukommen.»

Unser Gegen-Trotz

Betty stand auf und holte einen Schreibblock. «Und wie ging es heute mit Jesper?»

«Bis jetzt gut. Manchmal vorübergehend leicht bewölkt. Doch das ist ja normal.»

«Kein Gewitter?»

«Keins. Aber – es hat sich nun etwas verändert. Ich *weiß*, daß Gewitter *möglich* sind – und fürchte mich.»

Betty nickte. «Ich schlage vor», sagte sie, «daß wir jetzt versuchen, der Sache auf den Grund zu gehen. Was meinst du?»

«Unbedingt.»

«Laß uns erst mal alle wichtigen Gesichtspunkte auf diesem Zettel notieren – damit wir eine Aufstellung unsrer Probleme zusammenkriegen. Verstehst du, eine Art Checkliste. Wir können dann Punkt für Punkt, Problem für Problem bereden, Rat suchen, in Büchern blättern, Leute fragen. Einverstanden?»

«Ja, sehr.»

«Vielleicht kann man so sagen –» Betty begann auf und ab zu gehen – «der Trotz kommt ja oft sehr plötzlich. Wie sagte euer Kurt? ‹*Aus heiterem Himmel.*› Wir sind dann gezwungen, uns dieser heftigen Emotion zu stellen, auf die wir uns ja gar nicht vorbereiten konnten, die uns *überfällt* wie . . . wie . . .»

«Ja, ja, ein *emotionaler Überfall*, das ist es.»

«. . . wie ein bewaffneter Gangster in einem friedlichen Park. Und was macht man», fuhr Betty fort, «wenn man überfallen wird? Man läuft weg oder wehrt sich. In unserm Fall: Wir wollen mit diesem Ausbruch nichts zu tun haben, nicht antworten, wir wollen an ihm nicht teilhaben, wir wehren ab. Wir sind vielleicht gerade milde gestimmt, wir empfinden die Tobsucht, die da plötzlich im Raum ist, als Zumutung, als Quälerei.»

«Ja, und je mehr wir auszugleichen, zu beruhigen suchen, desto schlimmer wird es. Jedenfalls: es wird nicht besser.»

«Nein, meistens wird es nicht besser. Im Gegenteil: Die Kinder zwingen uns ihren beschleunigten Puls auf, sie stecken uns schließlich an – auch wir geraten in Rage. Also: Nicht wir erreichen die Kinder mit unserer Ausgleichs- und Schlichtungsbereitschaft, sondern die Kinder erreichen uns mit ihrer Wut, ziehen uns hinein. Ist es so?»

«Leider. Wie gut fand ich mich, als es mir anfangs gelang, Ruhe zu bewahren! Und wie enttäuscht war ich, daß diese Ruhe überhaupt nichts änderte.»

«Nicht wahr? Die Wut greift über, die Ruhe unterliegt. So ist es – meistens. Sicher geht's auch mal andersrum: daß wir Verständnis zeigen und trösten und damit beruhigen können. Glückliche Ausnahmen. Deswegen sitzen wir hier ja nicht zusammen. Gelassenheit – selbst wenn wir sie produzieren können, in den meisten Fällen ist sie einfach nichts wert.»

Betty beugte sich über den Block. «Ich notiere», verkündete sie, «Trotz: *emotionaler Raubüberfall*.»

«Jetzt fällt mir noch was ein», rief ich. «Gelassenheit, sagtest du, ist nichts mehr wert. Manchmal ja, aber oft eben nicht. Da gibt's noch was, was plötzlich nichts mehr gilt: Zärtlichkeit.»

«O ja», seufzte Betty, «das kann so kränken.»

«Schreib auf, Punkt zwei: *Vergebliche Liebesmüh*.»

«Das kann so kränken. Die Gören machen uns ja nicht nur *sauer*, wenn sie trotzen, sie tun uns ja auch *leid*. Einmal, als Milena nicht mit zum Fleischer wollte – schließlich lag sie, erschöpft vom Sich-Wehren, Trampeln und Schreien, tränenüberströmt auf dem Boden. Ein Häufchen Elend. Trotz meines Zorns fühlte ich Mitleid – aber wehe, ich hätte sie berührt . . .»

«Als Jesper hinter der Garderobe stand und in die Mäntel hineinheulte, wie gern hätte ich ihn getröstet . . .»

Betty notierte unseren zweiten Punkt. «Wir können gleich eine Schlußfolgerung ziehen», bemerkte sie. «Kann *unsere Wut* nicht einen Zuschuß kriegen aus der *Demütigung*, die es für uns bedeutet, verschmäht zu werden?»

«Ganz bestimmt. Vergebliche Liebesmüh, verschmähte Liebe, verletzte Eitelkeit . . .»

«Eins weiß ich», Betty nahm ein Stück Käse und beugte sich vor. «Eine Reaktion auf verschmähte Liebe, verletzte Eitelkeit ist: *Trotz*. ‹Dann eben nicht›, sagt der abgeblitzte Bewerber, zieht sich zurück und macht seine Angebetete schlecht.»

«Und du meinst –»

«Freilich. Ich glaube nicht, daß es zwischen Mutter und Kind sehr viel anders abläuft als zwischen Erwachsenen. Das Zusammenleben ist verdammt noch mal eine Seiltänzer-Kunst. Es ist schlimm genug, daß wir diesen Umstand immer wieder vergessen, wenn Kinder ins Spiel kommen. Als wüßten wir selbst gut genug, wo's lang geht, und müßten es nur unseren Kindern beibringen.»

«Ich muß gestehen, daß auch ich ...»

«Gesteh nichts. Das geschieht ohnehin viel zu verschwenderisch. Mit unserer sogenannten Offenheit verbergen wir doch nur unsere Finten.»

«Was redest du denn da?»

«Das macht der Wein, entschuldige. – Also: der Trotz verdoppelt sich. Nicht nur die Kinder toben ihn aus, wir Erwachsenen trotzen zurück.»

Sie buchstabierte, schreibend und mit den Lippen: «Trotz ruft Trotz hervor.»

Dann sah sie auf. «Du sagtest vorhin, du fürchtetest dich – weil du nun weißt, daß es ein Gewitter geben kann. Also halten wir fest: Wir haben *Angst* vor der kindlichen Wut. Angst stiftet Unsicherheit, Unsicherheit läßt uns falsch wahrnehmen, schafft Mißverständnisse, Spannungen, Anlässe für Wut.

– Also drittens: *Angst erzeugt Unsicherheit.*»

Einfühlen und verstehen wollen

«Mir fällt auf», sagte ich, «daß wir nur darüber reden, was der Kinder-Trotz *für uns* bedeutet, wie er *uns* erscheint und was für uns aus ihm folgt. Wir haben noch gar nicht darüber nachgedacht, was der Trotz für die Kinder bedeutet, *warum* sie überhaupt trotzen.»

«Ich finde, es ist okay, wenn wir bei uns selbst beginnen», meinte Betty, «auf die Kinder werden wir noch kommen.»

Sie sah auf ihren Block. «Laß uns zusammenfassen. Wir haben das Gefühl, überfallen zu werden. Wir werden, wenn wir ausgleichen, besänftigen, trösten wollen, brüsk zurückgewiesen: das verletzt uns. Auch wir reagieren mit Trotz ... In der Folge werden wir ängstlich und unsicher, das stört unsere Beziehung zum Kind, es schwächt den ‹Draht›, wie man sagt.»

Ich seufzte. «Irgend etwas ist da noch, was es so besonders schwer macht.»

Ich versetzte mich zurück an die Schwelle des Kinderzimmers.

Sah Jesper auf dem Boden sitzen, bewaffnet mit seinem Klotz, unberührbar. Sah Kurt ratlos über die frische Hose streichend. «Es hat etwas mit dem ‹Warum› zu tun.»

«Um das ‹Warum› wollten wir uns später kümmern», mahnte Betty.

Ich meinte es anders. «Daß wir nicht wissen, warum – das bedeutet etwas *für uns*!»

Betty stürzte sich auf diesen neuen Punkt. «Natürlich! Das ist sehr wichtig. Der Trotz kommt aus heiterem Himmel – *wir* erkennen keinen Grund! Das macht uns hilflos, unwillig . . .»

«. . . besorgt . . .»

«Ja, weil wir fürchten, es könne etwas *geheimen* Grund geben, den wir eigentlich kennen müßten. Und wenn wir, nach wiederholten Trotz-Anfällen, wissen: es gibt einen solchen geheimen Grund wahrscheinlich nicht – dann werden wir *böse*, was auch nicht allzuviel besser ist.»

«Der Trotz erscheint als etwas Fremdes. Kann man nicht sogar sagen: er ist uns unheimlich? Er entfremdet uns unser Kind. Plötzlich kommt es uns vor, das Kind – wie in einem bösen Traum. Als sei sein Ausdruck, das Gesichtchen, die Gebärden, all das . . . irgendwie verzerrt.»

Betty lachte. «Ich muß an diese Filme denken, die vor ein paar Jahren Mode waren – zum Thema Teufelsaustreibung. Weißt du noch? Ich glaube, ich verstehe jetzt, woher diese auf uns so abstrus wirkende Vorstellung stammt: ein Mensch könne vom Teufel besessen sein.»

Sie senkte die Stiftspitze aufs Blatt, immer noch lächelnd. Mir war es unbehaglich.

«Wir sollten achtgeben, daß wir nichts dämonisieren», bemerkte ich. «Lassen wir den Teufel aus dem Spiel. Schreiben wir: Trotz erscheint grundlos. Einfühlung fällt schwer.»

Betty äugte unter einer Locke zu mir herüber. Dann schrieb sie, mitsprechend: «Viertens. Trotz erscheint grundlos. Einfühlung meist unmöglich.»

Aufblickend fügte sie hinzu: «Wie anders ist das, wenn ein Kind hingefallen ist, wenn es eine Enttäuschung erlitten hat oder wenn es irgendwobei versagt hat. Dann schreit es ja auch recht heftig – und nimmt nicht umstandslos jeden Trost an. Aber dann können wir uns einfühlen, haben Geduld und *Trostphantasie*.

Beim Trotz ist das anders. Wir stehen *daneben* – aufgewühlt und fassungslos. Wir können nicht helfen, wir können nicht verstehen.»

«Vielleicht gehört dazwischen ein ‹Weil›», sagte ich. «Vielleicht müssen wir verstehen, bevor wir helfen können, und vielleicht ist das *unsere* Schwäche.»

«Das mag wohl sein», Betty nickte und wiegte dann den Kopf, wie um das Nicken zurückzunehmen. «Unsere Schwäche *und* unsere Stärke. Weißt du, mit dem Verstehen-Wollen sind wir infiziert bis ins Mark. Es gibt für uns keinen Weg zurück zu einem reinen Gefühl, das sich um das ‹Warum› nicht schert und einfach heilt durch die Wärme von Herz und Haut. Sagen wir vorsichtig: für die meisten von uns gibt es diesen Weg nicht. Aber eine *Stärke* ist das Verstehen-Wollen erst, wenn wir *wirklich auch verstehen*, also zum Verständnis *etwas tun*. *Deshalb* wollte ich mit dir diese Detektiv-Arbeit beginnen. Das ‹Warum› ergründen, so schwer es auch sein mag.»

Die Kinder erproben ihre Möglichkeiten

Das Telefon klingelte. Betty ging ran. «Hallo, Rolf. Ja, Moment. Für dich», sagte sie.

Zögernd nahm ich den Hörer.

«Marion? Ich geh jetzt zu Bett. Ich wollte dich bitten: Wenn du nach Hause kommst, wickle doch Jesper noch mal. Es war nichts zu machen mit ihm heute abend. Er war sonst ganz umgänglich. Aber wenn ich an seine Hose wollte, gab's Geschrei.»

«Merkwürdig. Dabei ist er doch mit dir ... mit dir bis jetzt wie früher.»

«Daß es heute abend anders war – ich glaube, das hing damit zusammen, daß wir *allein* waren, er und ich. Wenn er mit dir trotzt und mit mir dann gut Freund ist – könnte das nicht heißen, daß er dir damit eins auswischen will? Was meinst du? Ich kam auf den Gedanken wegen seines Gezeters heute abend, das war ganz schön laut. Aha, dachte ich, Marion ist nicht da, er kann sie nicht damit ärgern, daß er mit mir gut Freund ist – also ärgert er statt dessen mich, indem er trotzt.»

«Also, das scheint mir eine kühne Deutung.» Jetzt ärgerte ich mich auch noch. «Als ob Jesper nichts anderes im Sinn hätte, als uns zu plagen.»

«War nur so eine Idee. – Also: denkst du an das Wickeln?»

«Ich denke dran. Gute Nacht.»

Ich legte auf und nahm das Glas, das Betty mir reichte. «Das Wichtigste haben wir bisher vergessen –» sagte ich.

«Das wäre?»

«Praktische Mühsalen. Trotz macht Arbeit. Jetzt muß ich Jesper nachts noch mal aufnehmen und wickeln – was ich seit seiner Baby-Zeit nicht mehr tue. Ich mußte Mäntel und Teppiche putzen, du mußtest immer wieder durchgekautes Essen von Möbeln und Kleidern wischen . . .»

«Zu schweigen von den Problemen, die es macht, Termine einzuhalten oder die Nachbarn zu beschwichtigen, die befürchten, man habe das Kind allein in der Wohnung gelassen – bei *dem* Geschrei. Ja gut, ich notiere: Fünftens. ‹Trotz macht Arbeit.› – Aber sag mal», fügte sie hinzu, «was war das für eine kühne Deutung von Rolf?»

Ich berichtete von Rolfs Erlebnis mit Jesper und von seinen Mutmaßungen.

Mit einem kleinen Lächeln neigte Betty den Kopf. «Ich glaube nicht, daß das so ganz abwegig ist. Gestattest du, daß ich notiere: ‹Trotz und Ränkespiel›?»

«Was meinst du damit?» Ich fürchtete plötzlich, hier werde an Jespers Charakter gezweifelt, und wehrte mich gegen diesen neuen Punkt.

«Weißt du, wenn das Gör sich weigert, irgendwas zu tun oder zu lassen, wenn es schreit und trotzt und wir hilflos – sei es still oder selbst zornig – danebenstehen, dann spürt es sicher, daß es die Situation beherrscht. Dann spürt es *seine Macht.* Ich glaube, daß jeder, der Macht ausüben kann, und sei es die bescheidene Macht über einen Hund oder einen Automotor, manchmal dazu verführt wird, mit seiner Macht zu *spielen.* Das geschieht natürlich nicht planvoll. Jesper sitzt nicht da und überlegt sich, wie er dich ärgern kann. Aber er ergreift instinktiv, was die Situation an Trümpfen bietet. Ich kenn das von Millie. Wenn sie auf Kriegsfuß mit mir steht, flirtet sie mit der Bäckersfrau. Sie fühlt, daß mir die Bäckersfrau, eine ziemlich aufdringliche Person, nicht liegt und daß ich froh bin, wenn ich die Ladentür von au-

ßen zumache. Sie weiß auch, daß ich nicht vor versammelter Kundschaft zu ihr sagen werde: ‹Milena, laß die blöde Bäckersfrau und komm mit mir aus diesem Laden.› Also verwickelt sie die Alte in ein Gespräch über Schokoladenbrezel, und ich muß mir dann noch anhören, daß Milenas Haare öfter gebürstet werden könnten.»

«Meinst du nicht, daß Milena einfach *Lust* hat, mit der Bäckersfrau zu plaudern?»

«Sicher, auch. Aber das ist nicht alles. Milena erlebt, daß sie mir damit zusetzt und mich bis zu einem gewissen Grad von sich abhängig machen kann. Dieses Erlebnis muß sie wiederholen, spielerisch-forschend wiederholen, damit es schließlich . . .»

«. . . eine Erfahrung wird?»

«Ja, so könnte man sagen. Bei einem schweren Trotzanfall übrigens nähme Millie auch die Bäckersfrau nicht mehr wahr, dann schließt sie sich völlig von der Außenwelt ab. Aber wenn ein Zornesausbruch seinem Ende zugeht: dann nimmt sie ja irgendwann wieder Kontakt auf. Vielleicht erscheint es ihr dann besonders wichtig zu erproben, was geschieht, wenn sie die anwesenden Erwachsenen in Freund und Feind sortiert. *Für uns* sieht das dann aus wie ein Ränkespiel, wie ein gezieltes Eifersüchtig- oder Ärgerlichmachen; für Kinder ist es ein Erproben ihrer Möglichkeiten.»

«Das hieße dann ja gar nicht, daß Jesper mich *ärgern will*, wenn er *mich* mit Sachen bewirft und Rolf die Hand hinstreckt.»

«Nein, ich glaube eher, seine Absicht ist nur, rauszufinden, was passiert . . .»

«Es mag auch sein, daß er nach so viel Wut wirklich das Bedürfnis hat, sich anzuschmiegen.»

«Sicher. Bloß an dich kann er nun nicht kommen, da ist die Wut-Mauer im Weg.»

«Auch die Kinder vermissen also Zärtlichkeit, wenn sie trotzen.»

«Ja, aber sie können sie nur bei jemand finden, der oder die *neben* dem Trotz-Drama steht, sozusagen neutral ist.»

Ich schüttelte den Kopf: «Hoffentlich dichten wir nichts in die Geschichte hinein.»

«Ich glaube, wir dichten etwas heraus.» Betty begann wieder, auf und ab zu gehen.

«Wir dichten, wir finden etwas heraus. Wie sollen wir uns sonst helfen?»

«Uns *und den Kindern*», seufzte ich, Jesper in den Mänteln vor Augen.

«Was wir ja jetzt festhalten wollen», sagte Betty, mit Block und Stift hantierend, «sind *unsere* Reaktionen auf die trotzenden Kinder.» Und nach einer Pause: «Wir wissen jetzt, daß die Kinder nicht immer gleich mit der ganzen Welt zerfallen, wenn sie zürnen. Wenn sie zum Beispiel auf die Mama böse sind, können sie zu Papa oder der Bäckersfrau sehr nett sein. Und zwar, weil sie aus der Wut rauswollen, es aber mit der Mama nicht können. Aber auch: weil sie rausfinden wollen, was geschieht, wenn sie mit der einen böse sind und mit anderen freundlich. Okay?»

«Okay.»

«Wie gesagt: Es geht jetzt darum, was *wir*, die Erwachsenen, durchmachen.»

Vorsichtig nahm Betty auf meiner Sessellehne Platz: «Was empfandest du wirklich, als Rolf mit Jesper im Kinderzimmer verschwand? Als du die beiden lachen hörtest? Erleichterung darüber, daß der Knabe aus den vollen Windeln kam, sagst du. War das alles?»

«Ich *war* ein wenig irritiert», gab ich zu. «Flüchtig dachte ich: Was besitzt Rolf für Zauberkräfte ...»

«... die mir fehlen, nicht wahr?» Betty griente. Jetzt hatte sie mich da, wo sie mich hinhaben wollte. Ich wünschte mir, *ich* hätte den Notizblock in der Hand. Ich hätte gern was in der Hand gehabt. So griff ich zum Glas.

«Was ich nicht in meinen Vater alles hineingesehen habe!» Betty erhob sich wieder. «Manchmal erschien er mir wie ein Magier. Bis ich dann bemerkte, daß auch Max von gegenüber, daß sogar die Bäckersfrau dazu imstande waren: Millie anzusprechen und aufzuschließen, während sie für mich fast unerreichbar gewesen war. Da merkte ich dann, daß Wut so ein Kind keineswegs daran hindert, seine Leute gegeneinander auszuspielen. Im Gegenteil. Aber diese Einsicht schützt nicht vor Eifersucht. Also, darf ich notieren: Sechstens: ‹Trotz und Ränkespiel. *Eifersucht* der Erwachsenen›?»

«Du darfst.» Ich gab mich geschlagen. «Was für ein Spektakel. Ich komme mir vor wie eine Gestalt aus den ‹Gefährlichen Liebschaften›.»

«Sei sicher, daß du so eine ähnliche Rolle wirklich übernimmst.» Betty sprach mit Betonung. «Es sind starke Gefühle im Spiel.»

Kinder als kleine Wilde ...

Die Eingangstür ging. Betty ließ sich in ihrem Sessel nieder.

«Ich hielt immer viel vom Scharfsinn meines Onkels», sagte ich. «Sollen wir nicht deinen Vater auffordern, mit uns zu forschen?»

Theo kam herein. Er trat an Bettys Sessel, nahm ihre Hand und legte sie an seine Wange. «Gemütlicher Abend?»

«Zu einem ungemütlichen Thema», bemerkte Betty. «Möchtest du ein Glas Frascati? Dann mußt du eine Flasche aus dem Eisschrank holen.»

Als Theo draußen war, beugte sich Betty vor und sagte: «Theo ist ziemlich buchgläubig. Er würde erst einmal die Wissenschaft befragen. Und uns mit unseren Erfahrungen nicht so ganz ernst nehmen. Vielleicht können wir ihn später hinzuziehen, wenn wir genauere Fragen haben.»

Da fiel mir etwas ein. «Er ist doch eine Generation weiter. Er hat doppelte Erfahrung: als Vater *und* als Großvater. Kann das nicht den Blick schärfen?»

Als Theo mit der offenen Flasche zurückkam, teilte ich ihm mit, was mir da durch den Kopf gegangen war: «Wir sprechen über den Trotz unserer Kinder. Wie siehst du die Dinge – als Vater und Großvater, als Großvater, der zugleich noch mal Vater ist? Würdest du sagen, daß sich viel geändert hat seit der Zeit vor 20 Jahren, als du ein junger Vater warst und Betty ein Kleinkind?»

Theo lehnte sich gegen die Wand, was er gern tat, wenn er nachdachte. Dann nahm er einen ersten Schluck.

«Betty war ein arger Dickkopf. Sie hat ihre Mutter und mich ganz schön beschäftigt. Ja, wie war das damals? Geändert hat sich vieles. Schwierig war der Kindertrotz auch damals für die Eltern. Aber eins fehlte: man suchte nicht so eifrig nach Gründen. Man nahm – jedenfalls als ‹Normalvater› bzw. ‹Normalmutter›, wenn ich so sagen darf – den Trotz hin. Man wußte ja: es geht vorbei. Heute überlegen die jungen Eltern: was will das Kind mitteilen? Was steckt dahinter? Das macht es nicht leichter.»

«Willst du behaupten, daß wir besser daran täten, die Augen zu schließen und zu warten, daß es vorüber geht?» fragte ich.

«Nein, nein, so nicht. Ich meine nur, daß das Wissen-Wollen und Wissen-Müssen den Umgang mit Kindern nicht immer erleichtert.»

«Wie habt ihr es denn damals gemacht?»

«Solange es ging, haben wir Betty ausgelacht. Wenn das nichts mehr half, gab's Druck: Warnungen, Drohungen, Klapse.»

«Und dann ging's?»

«Soweit ich mich erinnere, ja. Weißt du, der Unterschied zu heute ist: man machte nicht so viel davon her. Diese Probleme wurden nebenbei gelöst – oder auch nicht. Jedenfalls, du konntest sicher sein, daß nichts davon in der Zeitung stand.»

«Und die geschlagenen Kinder? Die überforderten Mütter? Gerade im Zusammenhang mit Trotz und Widerspenstigkeit gibt es Familiendramen – bis hin zu dem Skandal mißhandelter Kinder. Wie kannst du nur», ich ereiferte mich, «etwas Positives darin sehen, daß man damals öffentlich darüber schwieg?»

«Ich sehe nichts Positives darin, daß man über geschlagene Kinder schwieg», sagte Theo, vorsichtig seine Pfeife stopfend, «ich sage nur, daß das Drüber-Sprechen, während es ja Probleme lösen will, neue schafft.»

«Welche zum Beispiel?»

«Das schlechte Gewissen, wenn der Geduldsfaden reißt. Das gab's früher viel seltener.»

«Aber ich finde, daß dieses schlechte Gewissen ein Fortschritt ist.» Ich ließ mir von Theo nicht nachschenken. Ich bot Betty die letzte Olive an. «Salz macht gesprächig», sagte ich. «Was meinst du dazu?»

Betty hatte ihren Kopf in die Hände gestützt, jetzt setzte sie sich seufzend auf. Sie lockerte ihr Halstuch. «Früher hatte ich nur pure Verachtung für Eltern übrig, die ihre Kinder schlagen», sagte sie. «Das Schreckliche für mich ist: heute verstehe ich sie. Ja, ich verstehe sie. Ich will damit nicht sagen, daß ich es richtig finde, Kinder zu schlagen. Ganz im Gegenteil, ich finde es jetzt, wo ich selbst ein Kind habe, noch viel verwerflicher. Aber ich weiß inzwischen, wie rasch es geschieht, daß ein Kind einen Erwachsenen in Harnisch bringt. Unsere schöne Vernunft – die Kinder machen sie uns zunichte, indem sie sich nicht auf sie einlassen. Dann stehen wir da, ballen die Fäuste und schreien. Wir lehren die Kinder, Konflikte ohne Fäuste und Wutschreie auszutragen. Und was lehren sie uns? Daß Fäuste und Wutschreie zum Austragen von Konflikten dazugehören? Daß der Verzicht auf Fäuste und Wutschreie neue Konflikte schafft? Ist es das?»

«Wie man in der Zeitung lesen kann», sagte Theo, «begeben sich immer mehr psychisch kranke Erwachsene in therapeutische Behandlung. Und was machen sie da? Sie lernen es, die Fäuste zu ballen und Wutschreie auszustoßen.»

«Was wollt ihr, um Himmels willen», rief ich, nun ernstlich alarmiert, «sollen wir wieder zurück zu den Affen auf die Bäume?»

«Es scheint so zu sein», Betty legte mir die Hand auf den Arm, «daß die Kinder uns an unsre animalische Abkunft erinnern. Sie *spielen* ja nicht nur die kleinen Wilden. Sie *sind* wirklich – irgendwie wild. Das heißt, angewiesen auf ganz rohe oder meinetwegen primitive Äußerungsformen. Sie brüllen einfach. Schmeißen sich auf den Boden. Und wir müssen damit fertig werden. Weißt du», Betty nahm wieder den Block zur Hand, «ich habe unser Gespräch zu dritt so verstanden: unsere neueren Errungenschaften, unsere Bereitschaft, die Dinge vernünftig zu durchdenken, zu verstehen und jede Gewalt gegen Kinder zu verpönen, hat uns auch um Spontaneität, Temperament und Direktheit im Umgang mit Kindern gebracht, hat *Nüchternheit* und *Ruhe* so sehr aufgewertet, daß wir uns einerseits kaum noch in tobende Kinder hineinversetzen können, andererseits ein schlechtes Gewissen kriegen, wenn wir selbst mal brüllen. – Bist du soweit einverstanden?»

«Wenn du damit nicht zur Unbeherrschtheit auffordern willst –»

«Will ich nicht. Ich sagte ja schon: hinter den einmal erreichten Stand von Aufklärung dürfen wir nicht zurück. Was wir wissen oder wissen könnten, werden wir nicht mehr los. Und dazu gehört: Es ist schlecht für die Kinder und für uns, wenn auch wir, die Erwachsenen, um uns schlagen und brüllen. Wenn wir uns wie die Kinder *dem Affekt überlassen*. Das sollten wir also nicht tun. Aber vielleicht gibt es eine Äußerungsform von Ungeduld, Wut oder Verzweiflung, die Temperament zuläßt, ohne destruktiv zu sein.»

«Wie war das, Onkel Theo», sagte ich. «Was hast du gemacht, wenn Betty sich auf den Boden schmiß?»

«Ich muß darüber nachdenken ... Also: *laut* waren wir Eltern auch. Ich habe manchmal, wenn Betty wie wir damals sagten: ‹bockig› war und brüllte, aus Leibeskräften gesungen – und dazu

Topfdeckel gegeneinander geschmettert. Heute ginge das schon wegen der Nachbarn nicht mehr. – Merkwürdig», Theo blinzelte. «Auch damals wohnten wir in einem Mietshaus. Aber die Toleranz in bezug auf Haus- und Kinderkrach war weit größer.»

... und unsere Schwierigkeiten, Wut zu zeigen

Betty hatte überlegt, wie der neue Punkt zu formulieren sei.

«Wie findest du: ‹Schwierigkeiten beim Ausdruck ...›»

«... starker Gefühle?»

«Ist mir nicht genau genug. ‹Schwierigkeiten beim Ausdruck starker Aggressionen?›»

«Wie wär's mit ‹Ausdruck von Zorn›?»

«Wenn es euch recht ist», warf Theo ein, «besorge ich euch ein paar seriöse Bücher über den kindlichen Trotz. Wahrscheinlich ersparen die euch manches Kopfzerbrechen.»

Betty stöhnte leise und drehte sich nach ihrem Vater um, im Begriff, ihrer Ungeduld Ausdruck zu geben. Ich kam ihr zuvor: «Das wär nett, Onkel Theo. Und später sicher auch nützlich. Einstweilen *wollen* wir uns den Kopf zerbrechen. Zu was anderem scheint er uns nicht mehr gut.»

Betty las vor: «Punkt sieben: ‹Schwierigkeiten und Gewissensbisse der Eltern beim Ausdruck von Wut›.»

Ich nickte, ergriff dann meine Tasche. Betty brachte mich zur Tür. «Wann machen wir weiter?»

«Morgen, wenn's recht ist», antwortete ich. «Nachmittags, mit Kindern, bei mir?»

«Einverstanden», sagte Betty, lächelte mir zu und schloß die Tür.

Ich lief die Treppe runter, aus dem Haus. Es fror. Die kalte Luft ließ mich augenblicklich den Frascati in Kopf und Gliedern spüren. Da hörte ich Bettys Stimme vom Balkon. «Gute Nacht.» «Werd ich haben, so müde wie ich bin», gab ich zur Antwort. «Ich falle sofort ins Bett.»

«Nicht vergessen», rief Betty. «Du mußt Jesper noch wickeln.»

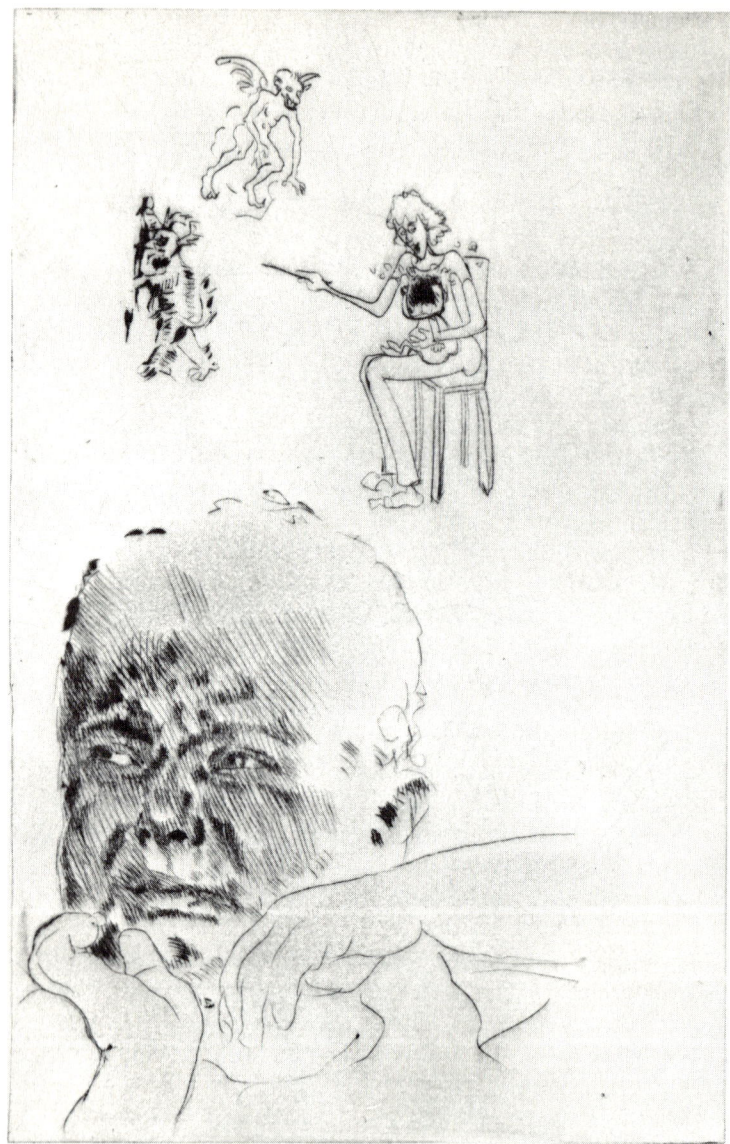

Kapitel 3

Probleme mit dem Trotz:
Was die Kinder durchmachen

Glücklicherweise konnte Kurt. Die Witterung war so unerfreulich – feucht und finster, Schneeregen –, daß es draußen auf dem Spielplatz nicht lange gutgegangen wäre. Aber mit Kindern in der Wohnung hätte ein Gespräch zwischen uns Müttern kaum aufkommen können. Mit Kurt hatten wir doch eine gewisse Chance. Er konnte Milena und Jesper in Küche oder Kinderzimmer beschäftigen, während Betty und ich über den zweiten Teil unserer Bestandsaufnahme nachdachten: was in den Kindern wohl vorginge, wenn sie «trotzen».

Kurt kam pünktlich, er nahm sich Jespers an. Die beiden machten eine Süßspeise aus Quark, Milch, Schokoladenflocken und Sauerkirschen. Als Betty mit Milena dazukam, lockte die Küche: Milena wäre gern an Mutters Seite im Wohnzimmer geblieben, aber sie konnte nicht widerstehen, als sie Jespers Stimme hörte: «Ich umruhren!» Und Kurts: «Sollten wir nicht noch etwas Milch nachgießen?» Milena machte sich auf zu den beiden, erst zögernd, dann entschieden.

«Wie heißt du denn?»

«Kurt. Magst du den Quirl ausprobieren?»

Betty lächelte erleichtert und schloß die Wohnzimmertür. Sie holte ihren Block hervor und wendete unternehmungslustig das beschriebene Blatt.

Kinder – vom eigenen Trotz überfallen

«Also dann», sagte sie, «was geschieht mit den Kindern, wenn sie trotzen?»

«Ich nehme an, daß es auch für sie ‹aus heiterem Himmel› kommt», sagte ich, «daß auch die Kinder vom Trotz überrascht werden. Vielleicht müssen wir uns erst mal klarmachen, wer die Kinder im Trotz-Alter sind bzw. ‹wie weit› sie sind. Die sogenannte Trotz-Phase ereilt sie, heißt es, zwischen anderthalb und drei Jahren. Es soll auch vorher und hinterher Zornesausbrüche geben, aber nicht so häufig und nicht so ausgeprägt wie in diesen magischen 18 Monaten. Was mag sich da abspielen in einem anderthalb- bis zweijährigen Kind, das es so besonders anfällig macht für Trotz?»

«Zunächst mal», unterbrach Betty, «fällt zweierlei auf: die Kinder können jetzt sprechen, manche mehr, manche weniger, aber ganz gut verständlich machen können sich die meisten. Und sie können laufen, klettern und hüpfen. Sie können ihre Hände schon recht geschickt gebrauchen. Also: Die Baby-Zeit ist endgültig vorbei. Die Welt lockt.»

«*Und* stößt zurück. Denn noch sind ja all ihre Fähigkeiten auch wieder sehr begrenzt. Sie experimentieren drauflos, aber sie können noch keine Folgen absehen. Wir Erwachsenen müssen fast überall vermitteln – helfen, Brücken bauen, unterbrechen, wenn's gefährlich wird, auch verbieten, dann wieder ermuntern ...»

«Bei Milena wird das schon allmählich anders. Immer mehr gelingt ihr ohne meine Assistenz. Und ich merke, daß sie das entspannt.»

«Gut», sagte ich, «wie wär's denn, wenn du aufschriebst: Kind kann *alles*, verglichen mit der Baby-Zeit; Kind kann *nichts*, verglichen mit einem Vierjährigen. Dieser *Zwischenzustand* verdammt zur Labilität von Seele und Laune.»

«Also, wie war das?» Betty hatte gerade die Überschrift ‹Was die Kinder durchmachen›, zu Papier gebracht. «Ich kürz mal ab: ‹Punkt 1: Differenz zwischen Wollen und Können stürzt Kinder in Konflikte.› – Sag mal, wie ist es mit einem Kaffee?»

«Unmöglich. Wenn wir jetzt in die Küche gehen, haben wir die Kinder auf dem Hals. Aber Sherry habe ich hier im Wohnzimmer. Möchtest du?»

«Gern.» Betty sah auf ihren Block. «Differenz zwischen Wollen und Können. Die Kinder sprechen, laufen, hantieren. Sie machen es großartig, verglichen mit der Baby-Zeit und kümmerlich, verglichen mit dem, was sie um sich herum so sehen, bei uns, bei älteren Kindern. Sie werden von einer gewissen ... ja, *Ungeduld* erfaßt. Könnte man nicht sogar sagen: Ungeduld als *Grundstimmung?*»

«Nicht schlecht», fand ich. «Es trifft auf Jesper seit neuestem ziemlich gut zu.»

«Auf Milena auch. Ich nehme das jetzt um so deutlicher wahr, als diese Grundstimmung ein bißchen zu weichen beginnt. Danke.»

Wir tranken beide einen Schluck Sherry, und ich sagte: «Auf eine Rückkehr der friedlichen Mahlzeiten mit Milena.» Betty zog die Schultern hoch und zwinkerte, halb besorgt, halb belustigt.

«Ich glaube, ich habe den zweiten Punkt», sagte sie. «Ende der Baby-Zeit heißt ja auch: auf eigene Faust vorankommen. Sich-Losmachen von der Mama, von den Eltern. Aber es geht noch nicht richtig. Milena will den Apfelsaft selbst in ihre Flasche gießen, sie schafft es auch, aber beim Draufschrauben des Saugers drückt sie mit der Rechten so hart zu, daß ihr die Pulle aus der Linken herausrutscht und ... tja, nun muß Mami doch ran. Nicht nur aufwischen und neuen Saft holen, sondern auch das Kind trösten, das nach dem anfänglichen Erfolg doppelt enttäuscht ist über sein Versagen ...»

«Jesper heute morgen», begann ich, «hatte sich eine Socke allein angezogen, und als es dann mit dem Halbschuh nicht klappte, wurde er so wütend, daß er die Socke, mit der es ja nun gerade gutgegangen war, auszog und in den Mülleimer stopfte. Ja, er stopfte sie regelrecht hinein, tief runter, unter die Kartoffelschalen. Er wollte sie nicht mehr sehen.»

«Das bringt mich auf etwas Neues», rief Betty, «aber wir sollten vielleicht erst mal ...»

«... notieren, was wir bis jetzt festgehalten haben. Da war noch zu Punkt 1: ‹Ungeduld als Grundstimmung›. Und jetzt Punkt 2. Schreib doch: ‹*Differenz zwischen Wunsch nach Selbständigkeit und realer Abhängigkeit›.*»

«Ja gut», sagte Betty und schrieb. «Nun zu dem, was mir eben auffiel. Jesper läßt seine Wut an der Socke aus. Nicht am Schuh. Ich habe oft auch bei Milena beobachtet, daß die Wut nicht das tückische Objekt selbst trifft, sondern einen Ersatz. Oder um gleich auf die Personen zu kommen: oft wird gerade nicht derjenige, der Milenas Zorn erregt hat, geboxt oder getreten, sondern jemand anders – beispielsweise die Spielkameradin Jenny, die ganz unbeteiligt neben ihr in der Sandkiste hockt.»

«Während es ein fremder Junge war, der ihr den Bagger weggenommen hat?»

«Ja, genauso.»

«Das hab ich auch schon auf Spielplätzen beobachtet. Kinderzorn hält offenbar das ‹Verursacherprinzip› nicht ein. Er richtet sich gegen den Nächstbesten, nicht unbedingt gegen denjenigen, der da ‹gestört› oder ‹geärgert› hat.»

«Ganz wie der Jähzorn der Erwachsenen», bemerkte Betty. «Meine Mutter war sehr jähzornig. Wenn ihr was zu viel wurde, brauste sie urplötzlich auf – und verteilte Schläge, ohne Ansehen der Person.»

«Mit der Socke war Jesper ja klargekommen», fuhr ich fort, «die Socke war nett zu ihm gewesen. Aber *sie* schmiß er auf den Müll. Da fällt mir etwas ein. Wäre es nicht möglich, daß die Kinder sich in ihrem Zorn gegen die wenden, die ihnen unter den Anwesenden am nächsten stehen, daß sie – um mal ‹die Mutter› als Inbegriff von Liebe und Nähe zu nehmen – die Mütter prügeln müssen, wenn der Wettergott ihnen Regen schickt – einfach, weil sie insgeheim von der Mutter erwarten, daß sie *jeden* Wunsch erfüllt?»

Betty begann, auf und ab zu gehen. «Es ist etwas dran an dem, was du sagst. Soweit ein Vorwurf im Kinderzorn steckt, wird der mit Vorliebe der Nächsten, Liebsten gemacht – egal ob sie ihn ‹verdient›. Aber es *muß* nicht so kommen. Neulich war ich mit Milena in ihrem zukünftigen Kindergarten, um ihr die Räume zu zeigen und um ihr die anderen Kinder und die Kindergärtnerinnen vorzustellen. Da gab es im Laufe des Morgens typischen Ärger wegen eines Spielzeugs; ein Mädchen hatte Millie einen Plüschhasen weggenommen. Millie wurde sehr böse – und zog einen kleinen Jungen an den Haaren, obwohl ich ja danebenstand.»

«Sagen wir so: der Kinderzorn trifft häufig, nicht immer, die liebste Person, auch wenn sie ‹unschuldig› war. – Weißt du, Kurt hat mir am Telefon gesagt, er habe noch mal nachgedacht. Er habe womöglich die Intensität von Jespers Wunsch, mit Bauklötzen zu spielen, unterschätzt. Jedenfalls, als Kurt des Wickelns wegen den

Hausbau unterbrechen wollte, wurde Jesper sehr wütend. Er behandelte Kurt dann aber noch vergleichsweise fair. Mit Bauklötzen geworfen hat er erst nach mir.»

«Okay. Die Beste ist für *alles* zuständig – und deshalb *immer* schuld, wenn etwas schiefgeht. Ich halte fest: ‹Punkt 3: *Kinderzorn ist blinder Zorn.* Kein Verursacherprinzip, aber möglicherweise muß der oder die Beste doch meistens büßen.› Ist es dir so recht?»

«Ja», sagte ich, «so stimmt's.»

Quarkspeisen-Intermezzo

Vertieft wie wir waren, merkten wir erst jetzt, daß das Klappern und Plappern in der Küche einem erregten Dialog gewichen war.

«Ich will aber! Doofer Kurt!» «Also weißt du, Milena.» Jetzt schrie Jesper. Ich stand auf und nahm rasch zwei große Schlucke Sherry. Milena stob herein. «Mamiii! Der Kurt ist soo doof. Man *kann* Pommes frites im Ofen backen. Ich *weiß* das.»

«Aber nicht aus Quark.» Kurt trat ein, einen verweinten Jesper auf dem Arm. «Quark-Pommes-frites sind echt noch nicht erfunden worden, Milena.»

«Wohl sind sie erfunden worden!»

«Von dir, was?»

Milena stampfte mit dem Fuß auf. Dann trommelte sie mit den Fäusten gegen den Schoß ihrer Mutter und keuchte ein paarmal: «. . . so doof . . . so doof.»

Ich übernahm Jesper, der die Arme nach mir ausstreckte. «Was fehlt dir, mein Spätzchen?»

Betty hielt die Handgelenke ihrer Tochter fest. «Aber Millie! . . . Was ist denn?» Als keine Antwort kam, wandte sie sich an Kurt. Der erläuterte: «Jesper wollte die Speise in seinen Lastwagen füllen. Milena wollte sie zu Pommes frites formen und in den Ofen schieben. Ich war für Aufessen. Wir haben uns nicht geeinigt.»

«Und deshalb hast du geweint?» fragte ich Jesper.

«Nein, nein», sagte Kurt. «Als es ein bißchen laut wurde zwischen Milena und mir, fing Jesper an, sich unwohl zu fühlen. Er wollte unbedingt zu Ihnen. Aber ich hab ihn zurückgehalten. Ich hab versucht, ihm zu erklären, daß Sie beide etwas Wichtiges besprechen.»

Jesper schluchzte noch einmal und senkte seine Stirn auf meine Schulter. Milena schaute zu uns herüber. Einen Augenblick zögerte sie noch, dann lehnte sie ihre Wange gegen die Hüfte ihrer Mutter.

«Wißt ihr was?» rief Betty. «Wir gehen alle zusammen in die Küche, und Marion und ich kosten von der Quarkspeise. Ich bin sehr neugierig, wie die wohl schmeckt, und ich glaube, Marion auch. Dürfen wir?» Milena grunzte, es klang zustimmend.

«Und wenn wir sie lecker finden – dürfen wir dann etwas mehr essen?» Milena war schon unterwegs zur Küche; sie hatte Kurts Hand ergriffen. «Ich will auffüllen!»

In der Küche gelang es uns, den Quarkspeisen-Konflikt zu entschärfen, indem wir den Kindern Jobs als Kellnerin und Kellner verschafften. Kurt erklärte sich bereit, seine Portion aus Jespers Lastwagen zu essen. Schließlich probierten auch die Kinder.

«Man soll ja nicht über die Gören reden, wenn sie dabei sind», flüsterte Betty mir zu, «aber ich kann nicht widerstehen. Hast du gesehen, wie Millie mich geboxt hat, wo sie doch auf Kurt und Jesper sauer war?»

«Ja, eine schöne Bestätigung für unseren letzten Punkt», sagte ich.

«Was für ein Punkt, Mami?» rief Milena.

«So, jetzt sind wir satt. Wir gehen zurück ins Wohnzimmer.» Betty stand auf. «Ihr Kinder spielt weiter mit Kurt, ja?»

«Mami, du sollst hierbleiben.» Milena hängte sich an Bettys Rockzipfel, buchstäblich.

Ich traute mich nicht, Jesper aus dem Arm zu entlassen. Betty und ich sahen einander ratlos an. Da bewies Kurt sein durch seine kleinen Geschwister trainiertes Kindermann-Talent.

«Was meint ihr, was passiert, wenn wir jetzt die Bauklötze in den Lastwagen laden? Die werden alle voll Quark! Wer kommt mit zur neuen Lastwagen-Waschanlage? Ich glaube, im Badezimmer ist gerade eine eröffnet worden.»

Milena ließ Bettys Rock los und streckte beide Hände nach dem Lastwagen aus. «Ich will das Auto waschen, ich will … ich will …»

«Wir werden es alle drei waschen», sagte Kurt, «komm, Jesper.» Jesper saß auf meiner Hüfte; als Kurt ihm um die Taille faßte, reagierte er mit einem kräftigen Schenkeldruck. Dann brach er in Tränen aus.

«Spätzchen ...! Ich bin doch da. Ich sitze im Wohnzimmer mit Betty. Es ist doch für dich viel schöner, wenn du hier mit Milena und Kurt spielst, als wenn du dich bei uns im Wohnzimmer langweilst. Hm?»

«Mamaaa ...!»

Kurt pflegte in solchen Situationen Tatsachen zu schaffen. Er nahm den sich sträubenden Jesper wie ein Paket unter den Arm, stieß mit dem Ellenbogen die Badezimmertür auf und sagte zu Milena: «Hörst du, der Jesper weint. Er möchte lieber zu seiner Mutter, aber die hat jetzt keine Zeit. Ich finde, wir lassen ihn als ersten den Lastwagen waschen, damit er etwas Spaß hat und aufhört zu weinen, ja? Was hältst du von dieser tollen Bürste, Jesper?»

Ablösung von der Liebsten

Betty zog mich in Richtung Wohnzimmer. Dort goß sie mir einen ein und sagte: «Es ist komisch, aber es macht uns immer wieder zu schaffen, wenn das Kind sich nicht trennen will, nicht?»

Ich nickte und nippte. «Lies mal vor, was wir bis jetzt zusammengetragen haben», sagte ich.

«Punkt 1: ‹Differenz zwischen Wollen und Können stürzt die Kinder in Konflikte. Ungeduld als Grundstimmung.›

Punkt 2: ‹Differenz zwischen Wunsch nach Selbständigkeit und realer Abhängigkeit.›

Punkt 3: ‹Kinderzorn ist blinder Zorn. Kein Verursacherprinzip; meistens muß die Beste bußen.›»

«Jespers Trotzanfall gestern läßt sich ganz gut entlang dieser drei Punkte erklären», sagte ich. «Aber was ist mit dem Essen-Prusten von Milena? So wie du es beschrieben hast, kam es mir vor wie eine pure Provokation. Ich sehe darin weder ‹Ungeduld als Grundstimmung› noch einen ‹Wunsch nach Selbständigkeit›. Eigentlich nur Frechheit – und Zerstörungslust.»

«Beides ist auch drin. Wie heißt es so schön: ‹Ausprobieren, wo die Grenzen sind› – die Kinder wollen herausfinden, wie weit sie gehen können. Und wenn wir ihnen ein ‹Stop!› entgegensetzen, machen sie ja oft trotzdem weiter: mit Krach, Herumwerfen von

Sachen, Davonlaufen. Manchmal fordern sie unsere gewaltsame Intervention schlankweg heraus. Auch das gehört zum Trotz-Verhalten: die Auflehnung, der beabsichtigte Zwist. Du erinnerst dich? Ich hatte das Gefühl, daß Milena mir, mit dem Essen-Prusten, einen Fehdehandschuh hingeworfen hatte.»

«Ja, mir erschien das unglaubwürdig. Ich meinte, Kinder seien von sich aus keine Streithähne, sie seien es nur in *Reaktion* auf uns Erwachsene ...»

Betty lachte. «Vieles, sehr vieles, wenn nicht das meiste, was sie sind, sind sie in Reaktion auf uns Erwachsene.»

«Dann können wir doch an dieser These ruhig festhalten: daß sie nicht *von sich aus* auf Streit aus sind. Wir müssen dann aber noch was ergänzen: es scheint *unvermeidlich*, daß die Erwachsenen ihre Kinder zum Kampf herausfordern – sie *tun* es, auch wenn sie es nicht wollen. Ich bekam einen Bauklotz an den Kopf, ich fühlte mich unschuldig. Dennoch habe ich oder sagen wir allgemeiner: hat die Erwachsenen-Welt Jesper herausgefordert. Und nun muß er die Erwachsenen-Welt provozieren.»

«Ich schreib mal auf», sagte Betty: «Punkt 4. ‹*Grenzen-Testen*, Provokation, Auflehnung.›»

«Kann man eigentlich sagen», überlegte ich, «daß auch dieses Grenzen-Testen ‹aus heiterem Himmel› kommt, daß das Kind ohne präzise Absicht zum Provokateur wird?»

«Hm.» Betty dachte nach, den Bleistift zwischen den Zähnen.

«Mir fällt noch einmal Milenas Blick ein, als sie, an jenem August-Tag, zum erstenmal das Essen rausgeprustet hatte. Sie sah selbst überrascht aus. Das weiß ich noch ganz genau.»

«Bis zu einem gewissen Grad also ‹überkommt› es die Kinder, auch wenn sie die Grenzen testen», sagte ich. «Das paßt ganz gut zu unserem Bild vom Gewitter ‹aus heiterem Himmel›.»

«Siehst du jetzt», Betty wies mit dem Stift auf mich, «daß auch die Provokation, zum Beispiel das ‹Essen-Prusten›, daß *gerade* die Provokation etwas mit dem ‹Wunsch nach Selbständigkeit› zu tun hat?»

«Ich seh es. Wahrscheinlich will Millie selbst bestimmen, ob und wann und was sie ißt, ob sie das, was sie im Mund hat, runterschluckt.»

«Genau. So weit geht es wirklich. Vielleicht ist es nicht mal ein Zufall, daß sie gerade beim Essen so verzweifelt und – wie es uns erscheint – mit absurden Mitteln um ihre Selbständigkeit kämpft. Das gemeinsame Essen war das schönste entspannteste Zusammensein, das wir hatten. Während des Essens und bei allem, was mit dem Essen zusammenhing, hatte sie sich mir ganz hingegeben. Jetzt muß sie raus aus dem Mutterschoß.»

«Merkwürdig», sagte ich, «wenn mich jemand gefragt hätte: Was treibst du am allerliebsten mit Jesper, dann hätte ich gesagt: das Wickeln. Und am Wickeltisch brach sein erster, schlimmer Trotz los.»

«Theo erzählte», fiel Betty ein, «daß meine Mutter während meines ersten Lebensjahres besondere Freude dabei empfand, mich in den Schlaf zu wiegen. Später, als Kleinkind, war ich eine notorische Schlechtschläferin. Ich brachte meine Eltern zur Raserei, weil ich nicht im Bett blieb. Ich kam einfach immer wieder an.»

«Vielleicht sind wir da wirklich einer Sache auf der Spur.»

Diesmal nahm ich den Block. «Laß mich vorsichtig formulieren. Fünftens. ‹Trotz als Ausdruck eines *Loslösungsprozesses*. Tritt möglicherweise dort am heftigsten auf, wo die Verschränkung am innigsten war.› Wie findest du das?»

Betty nickte. «Ja, das scheint plausibel. Allerdings –»

Artillerie-Gefecht mit Jesper

Lautes Geschrei ließ uns innehalten. Zunächst konnten wir beide nicht ausmachen, wessen Kind es war. Beide lauschten wir angestrengt. Schließlich atmete Betty hörbar aus und sah mich mitleidig an. Ich stand auf. «Was ist mit Jesper heute los?» sagte ich. Da ging die Tür auf. Kurt und Milena standen auf der Schwelle. Kurt hob eine Hand und spreizte die Finger. «Jesper ist total sauer», sagte er, «er läßt sich nicht beruhigen.»

«Was ist geschehen?»

«Nichts Besonderes. Milena wollte die Putzbürste auch mal haben. Aber Jesper gab sie nicht her. Ich habe dann mit Jesper geredet: daß beide Kinder sich abwechseln müßten. Erst hörte er zu, dann wurde er wütend, warf sich auf den Boden und ließ nichts und niemand mehr an sich ran. Auch als Milena sich bereit erklärte, auf die Bürste zu verzichten, hörte er nicht mit Heulen auf . . .»

Ich ging ins Bad. Jesper lag auf dem Boden neben der Badewanne, die kleine Putzbürste in der Faust. Als er mich kommen hörte, strampelte er mit den Beinen, als wolle er mich beiseitetreten. Sein Heulen, gedämpft durch die Bademaatte, klang wie damals, als er hinter den Mänteln ...

«Jesper, sei kein Schäfchen», sagte ich leise, «komm hoch; ich spiel auch ein Weilchen mit.» Keine Antwort. Die anderen kamen hinzu. Betty und Milena flüsterten miteinander. Mir brach der Schweiß aus.

«Steh auf, Jesper», rief ich ungeduldig. «Niemand will dir Böses.»

Kurt, der seinen Jesper gern hatte und es nicht mitansehen konnte, wie der Kleine, ein Unglücksbündel, dalag, kniete neben ihm nieder und machte einen Vorschlag.

«Jesper, meine Schwester hat gestern Geburtstag gehabt. Sie hat einen Hamster bekommen. Hast du Lust, den Hamster mal anzusehen? Es ist ein dicker, brauner Hamster, der sich gern streicheln läßt.» Jespers Geheul schrillte höher und höher wie eine Sirene. Mit der Bürste schlug er dabei auf den Boden. Plötzlich wirkte er fast furchterregend. Kurt erhob sich und schüttelte den Kopf.

Aber nun hatte Milena etwas gehört. «Ich will den Hamster sehen.»

Betty machte etwas wie «Schsch!»; Jesper schrie noch einmal auf. Mir wurde das alles zuviel.

«Ich möchte mit Jesper allein sein», sagte ich. «Vielleicht wäre es wirklich ganz gut, Kurt, wenn ihr rübergingt und den Hamster ansähet.»

Die drei zogen ab. Ich schloß die Badezimmertür von innen und setzte mich auf den Wannenrand. Mir fiel ein, was Theo gestern abend erzählt hatte: er habe einfach gegen das Geheul seiner bokkigen Betty angesungen. Ich begann: «Wenn ich ein Vöglein wär...» Als Jesper lauter wurde, wurde ich auch lauter. Es kostete mich Überwindung, aber es ging. Schließlich klopfte ich noch mit der Shampooflasche gegen die Wanne. Geheul, Gesang und Geklopfe klangen furchtbar in dem gekachelten Raum.

Ich gab auf. Mir versagte die Stimme, als ich dann doch an die Nachbarn denken mußte. Ich blieb sitzen und wartete, langsam mit der Shampooflasche gegen die Wanne klopfend. Ich spürte, wie Beklemmung, Ratlosigkeit und Ungeduld in mir zu einem aggressiven Unwillen verschmolzen. Es schien mir plötzlich, als sei ich dazu verdammt, die beste Zeit meines Lebens wartend auf einem Badewannenrand zuzubringen.

«Jesper, ich gehe jetzt! Kommst du mit?» Ein Augenblick war Stille. Dann schrie und strampelte Jesper aufs neue. Ich rannte raus, knallte die Tür zu. Draußen nahm ich erst mal einen Schluck aus der Sherry-Flasche. Auf und abgehend, tief atmend mühte ich mich um Fassung. Dabei lauschte ich, ob nicht die Badezimmertür ginge. Schließlich ging sie. Ich lief auf Jesper zu, wollte ihn in die Arme nehmen. Aber er wehrte sich wie ein Tierchen in Not, biß mich schließlich in die Hand. Während ich ihn runterließ, holte ich aus, drauf und dran, ihm eine auf den Hintern zu hauen. Aber ich tat es nicht. Statt dessen brach ich los: «Was hab ich dir getan, he? Was hab ich dir getan?»

Ich zitterte, ich hatte das Gefühl, die Haare müßten mir zu Berge stehen. Ein tiefes Mitleid mit mir selbst überkam mich. Ich wollte gerade zu weinen anfangen, als Jesper die Bürste, die ihm entfallen war, aufhob und mir damit gegen das Knie schlug. Da griff ich von der Flurgarderobe meine Pelzmütze und schleuderte sie nach Jesper. Der duckte sich und verstummte. Nacheinander nahm ich noch zwei Kopftücher und zwei Handschuhe und schleuderte sie ebenfalls nach ihm. Ich glaube, ich verfehlte ihn.

Ich wandte mich dann schnell ab, lief ins Schlafzimmer, verriegelte die Tür, warf mich aufs Bett, stand noch mal auf, entriegelte die Tür und warf mich wieder aufs Bett. Es dauerte nicht lange, bis Jesper kam. Die Putzbürste hatte er nicht mehr bei sich. Er ließ sich von mir aufs Bett ziehen und übers Haar streichen. Als ich ihn schließlich ansprach, bemerkte ich, wie tief er atmete. Er war eingeschlafen. Innerhalb von Minuten.

Hatte Jesper Angst?

«Ich muß wissen, was das alles zu bedeuten hat», dachte ich bei mir. Vorsichtig stand ich auf und schlich aus dem Zimmer. Draußen schritt ich erst mal eine Weile auf und ab. Dann ging ich zum Telefon und wählte Kurts Nummer.

«Ja, hallo. Hier ist Marion. Kurt, ich wollte Sie bitten, überlegen Sie doch mal: was, meinen Sie, hat Jesper empfunden, bevor er sich im Badezimmer auf den Boden warf?»

«Wie geht's Jesper denn jetzt?»

«Er schläft. – Was, meinen Sie, hat Jesper ...»

«Er schläft? Wie seltsam ...»

«Versetzen Sie sich doch noch einmal zurück ins Badezimmer und versuchen Sie zu beschreiben, was Jesper fühlte oder gefühlt haben mag ...»

«Nun, er ... er wollte die Bürste nicht hergeben und ...»

«Nein, so kommen wir nicht weiter. An der Bürste kann es nicht gelegen haben. Denken Sie nicht daran, was geschehen ist, sondern – was gefühlt wurde.»

«Ich müßte versuchen, mich auf die Situation zu konzentrieren», sagte Kurt. «Hier ist so viel Trubel. Kann ich gleich noch mal anrufen?»

«Ja, gut.»

Bald nachdem ich aufgelegt hatte, klingelte es. Betty stand vor der Tür, allein. «Milena wollte unbedingt noch den Hamster füttern. Kurts Schwester spielt sehr lieb mit ihr.»

«Pst!» sagte ich, und als wir ins Wohnzimmer gingen, fügte ich hinzu: «Es muß schön sein, wenn die Kinder größer werden und dann von sich aus gern woanders hingehen. Jesper hängt noch zu sehr an Mutters Rock. Er *möchte* gern schon dies oder jenes erleben, aber dann kommt er doch noch nicht so recht los von mir. Als wäre er in einen Bann geschlagen, der sich allmählich löst.»

Dann erzählte ich, was sich zugetragen hatte. Betty hatte wieder den Block zur Hand genommen. Während ich sprach, überflog sie unsere Punkte, und als ich zu Ende war, sagte sie: «Mir scheint, daß kein einziger unserer Erklärungsversuche für dieses Drama hinreicht. Differenz zwischen Wollen und Können – ist wohl nicht der aktuelle Auslöser gewesen. Wunsch nach Selbständigkeit und reale Abhängigkeit – das ist so allgemein, daß es immer irgendwie zutrifft. ‹Blinder Zorn› – das stimmt sicher, aber es sagt nur etwas über die Äußerungsform, nichts über die Ursache des Zorns. ‹Grenzen ausprobieren›? Nein, das war es nicht.»

Wir grübelten noch eine Weile herum, kamen aber nicht voran.

Ich berichtete Betty von meinem Anruf bei Kurt.

«Er hat Jesper gesehen, als es losging», sagte ich, «vielleicht ist ihm irgend etwas aufgefallen.»

«Euer Kurt scheint sich so seine Gedanken zu machen.» Betty lächelte. «Er hat mir eben etwas auseinandergesetzt. Seiner Meinung nach sollten wir das Wort ‹Trotz› oder ‹Trotzanfall› meiden. ‹Das klingt doch so, als wollten die Kinder aus lauter Daffke mit dem Kopf durch die Wand›, meinte er, ‹als brauchten wir sie nicht ernst zu nehmen. Es klingt irgendwie abwertend.› Er habe sich immer geärgert, wenn seine Eltern von seinen kleinen Geschwistern sagten:

die trotzen doch nur. Ich habe ihn gefragt, welche Wortwahl er denn vorschlage. ‹Eine sachlichere›, hat er geantwortet, ‹zum Beispiel: *Wut*.›»

«Das scheint mir ganz richtig», bemerkte ich, ein bißchen stolz auf meinen einfühlsamen Babysitter, «ich fand es auch manchmal nicht ganz in Ordnung, wenn ich von ‹Trotz› sprach. Dieses Wort setzt so sehr voraus, daß wir Erwachsenen im Recht sind und alles richtig machen und daß sich die Kinder aus Kurzsichtigkeit gegen uns stellen.»

Da klingelte das Telefon. Es war Kurt.

Als ich aufgelegt hatte, ergriff ich Block und Bleistift und setzte mich neben Betty aufs Sofa.

«Ich glaube, jetzt haben wir's. Kurt hat versucht, die Szene von vorhin mit Jespers Augen zu sehen. ‹So komisch das klingt›, hat er gesagt, ‹und so ungern ich es wahrhabe, aber ich glaube: Jesper hatte Angst.›»

«Angst?»

«Ja, das hat Kurt gesagt.»

Einen Augenblick lang schwiegen wir. Dann fragte Betty:

«Hat er sonst noch was gesagt?»

«Nur, daß von Anfang an, seit Milena in der Küche dazukam und wir zwei uns hierher ins Wohnzimmer zurückzogen, Jesper irgendwie kleinlaut gewesen sei. Als er dann sah, wie gut Milena mit dem Quirl hantierte, habe er gar nicht mehr von Kurts Schoß heruntergewollt.»

«Laß uns überlegen. Jespers vertrauter Babysitter kommt. Soweit ist alles in Ordnung. Aber dann treffen Besucher ein, einer davon ist ein Kind. Kurt muß sich um dieses Kind, das ihn noch nicht kennt, besonders kümmern. Die Mutter verschwindet mit dem erwachsenen Gast in einem anderen Zimmer. Vielleicht reicht das aus, um Angst zu erzeugen?»

«Jesper kennt Milena erst flüchtig. Sie ist etwas älter und kann alles besser. Jesper versucht, sich durchzusetzen. *Er* will bestimmen, was mit der Quarkspeise passiert. Er will sie im Lastwagen wegfahren. Aber es ist Milena, die Kurt wegen ihrer Idee mit dem Backofen in eine Kontroverse verwickelt.»

«Ich kann verstehen, daß Jesper sich zurückgesetzt fühlte. Aber Angst?»

«Erinnerst du dich, daß er nicht von meinem Arm runterwollte, als es zum Wagenwaschen ins Badezimmer gehen sollte? Kurt mußte ihn einfach packen. Jesper weinte.»

«Er *will* schon viel allein erleben. Aber er *kann* noch nicht so recht, sagtest du. *Doch* ein Konflikt zwischen Wollen und Können. Mir fällt gerade ein», fügte Betty hinzu, «daß auch wir Erwachsenen bei einem Konflikt zwischen Wollen und Können zur Wut neigen.»

«Hier steht's ja», rief ich. «Trotz als Ausdruck eines *Loslösungsprozesses*. Und der geht – wie sagte ich vorhin? – *allmählich* vor sich. Mit Rückschritten und Fluchtbewegungen. Und die Fluchten sind – von *Angst* begleitet.»

«Wir müssen daran denken, daß die Kleinen – sogar in unserer Wohnung, in unserer Nähe – immer wieder Angst erleben, wenn ihnen der Rückzug in die Geborgenheit der Babyzeit erschwert ist. Wenn *sie selbst* sich diesen Rückzug erschweren. Weil sie selbständig werden *wollen* – und doch noch nicht recht können.»

«Ich mache einen Zusatz zu Punkt 5, zu der Sache mit dem Loslösungsprozeß. ‹Immer wieder haben die Kinder *Angst*, einen Schritt allein zu gehen.›»

«Zum Beispiel auf ein anderes Kind, auf eine neue Situation zu. Vielleicht ist die Angst sogar besonders heftig, wenn die Mutter oder sonst vertraute Personen nah sind, aber doch schwer erreichbar scheinen.»

Betty stand auf und packte den Block ein.

«Millie wartet», sagte sie. «Ich hol sie jetzt ab und gehe. Laß uns das nächste Mal darüber nachdenken, *wie* wir mit dem Trotz – pardon: mit der Wut – der Kinder *umgehen* können.»

Kapitel 4

Was können wir tun?
Die Ratschläge von gestern
und ihre Grenzen

«Ruhe bewahren», sagte Betty und klopfte auf den kleinen Stoß
Bücher, den sie neben ihrem Couchtisch aufgestapelt hatte, «darauf läuft die gute alte Bücherweisheit hinaus ...»

Betty sah zu Tante Claudia hinüber, die gerade Sahne in ihren
Kaffee goß und das Lächeln eines Profis zeigte, der sich ein wenig
ziert, seine Weisheit zu offenbaren.

«Wissen Sie», antwortete Tante Claudia schließlich, «Ruhe bewahren kann man ja nur, wenn man sie hat. Und Ruhe haben, so in
dem Sinn von: die Ruhe weghaben, das ist wirklich von großem
Vorteil im Umgang mit Kindern. Aber diese Art von ... ich sag's
mal so: innerer Ruhe – wer hat die schon?»

«Ich habe immer gedacht, daß mein Mann –» ich räusperte
mich, denn es war mir etwas peinlich, über Rolf zu reden, als sei
ich stolz auf ihn – «daß mein Mann ein sehr ruhiger Mensch sei.
Aber mit Jesper habe ich auch ihn die Nerven verlieren sehen.»

«Jaja, Sie haben ganz recht», sprach Tante Claudia. «Wenn man
Ruhe bewahren kann, ist es schön. Aber wenn nicht – was dann?
Dazu steht in den Büchern wenig. Da müssen wir uns auf unsere
Erfahrung verlassen.»

Ruhe kontra Temperament?

Tante Claudia war Milenas Kindergärtnerin. Zwischen Bettys und meinen ersten beiden Treffen und diesem dritten Versuch, der Sache mit dem Trotz auf den Grund zu gehen, lagen die Masern. Milena hatte sich bei Jenny auf dem Spielplatz angesteckt, es war schlimm gewesen, Betty hatte manche Nacht opfern und ich – wegen der Ansteckungsgefahr für Jesper – den Kontakt mit der Familie meiner Cousine meiden müssen.

So waren ein paar Wochen vergangen; als wir uns endlich wiedertrafen, hatte Milena schon ihre ersten Erfahrungen im Kindergarten gemacht. Und oft von ihrer Tante Claudia gesprochen, der sie einen bewundernden Respekt entgegenzubringen schien.

«Tante Claudia hat selbst zwei Mädchen im Schulalter», sagte Betty mir am Telefon. «Und sie hat große Berufserfahrung. Vielleicht kann sie uns weiterhelfen. Wenn du einverstanden bist, bitte ich sie zu unserem nächsten Gespräch hinzu.»

Ich erklärte mein Einverständnis, nicht ohne gegen eine schwache Regung von Eifersucht anzukämpfen. Und da saß nun die Kindergärtnerin – gemütlich, etwas langsam, mit sehr aufmerksamen Augen.

«Laßt uns über die *Ruhe* sprechen», sagte Betty. «Was mich so ärgert, wenn ich in der Fachliteratur blättere, ist folgendes: Diese oberschlauen Professoren verkaufen die Aufforderung zur Ruhe als eine Lösung, als gute Idee. Dabei ist es eine Wunschvorstellung, eine illusionäre dazu. Wenn die Kinder anfangen, sich gegen alles und jedes zu wehren, so heißt das doch einfach: die Zeit der Ruhe ist vorbei. Jetzt gibt es Putz. Spricht dann jemand allen Ernstes von ‹Ruhe bewahren›, so kommt mir das vor wie eine Beschwörung. Wie können Fachleute so phantasielos und praxisfern daherreden, indem sie einfach ‹Ruhe› fordern! Ebensogut könnte man einen Imker dazu auffordern, mit nackten Armen in den Stock zu greifen und den Bienen den Honig wegzunehmen.»

«Ja, sicher, das ist schon richtig.» Tante Claudia bediente sich mit Keksen. «Aber man muß doch auch beachten, *was* die Bücherschreiber wollen. Wenn sie Eltern *beraten*, müssen sie schon mehr sagen als ‹Ruhe bewahren›! Wenn sie aber nur die Entwicklung eines Kindes beschreiben wollen, ohne auf die Probleme der

Eltern näher einzugehen, so tun sie, meine ich, gut daran, ein bißchen abzuwiegeln. Zu sagen: nehmt's nicht so schwer, der Trotz geht auch wieder vorbei, wer Ruhe *hat*, sollte sie bewahren.»

«Ich finde nicht, daß die Trotz-Zeit uns gerade das lehrt. Ich finde, daß sie uns aufwiegeln sollte», sagte ich, ärgerlich darüber, daß meine Stimme bebte; denn ich war ein wenig unsicher angesichts der Autorität von Tante Claudia. «Mich haben die Wutanfälle von Jesper gelehrt, der Ruhe zu mißtrauen, die ich zuvor hatte, zu haben glaubte. Ich finde, die Kinder zeigen uns mit ihren Gefühlsausbrüchen, wie weit wir es verlernt haben, Gefühle, auch solche banalen wie Ärger oder Verwirrung, als *heftige* Gefühle zu erleben und auszudrücken.»

Überraschenderweise legte Tante Claudia ihre Stirn in Falten und dachte nach. Der eben ergriffene Keks blieb zwischen ihren Fingern.

Betty war aufgestanden und hatte unseren alten Block hervorgeholt. «Schwierigkeiten beim Ausdruck von Wut», murmelte sie. Und dann entschlossen zu Tante Claudia: «Ich sehe es wie Marion. Der Kindertrotz – das ist auch eine Herausforderung an unsere Spontaneität und an unser Temperament.»

«Nun, nun», fiel Tante Claudia ein, «wir sollten uns vielleicht erst mal darüber verständigen, was wir mit ‹Ruhe› meinen. Gleichgültigkeit und Lethargie verstehe ich darunter nicht. Vielleicht könnte man –» sie biß in den Keks – «Ruhe als *Fähigkeit zum Ausgleich* beschreiben. Ruhe, damit meine ich so was wie Sammlung, eine Gemütsverfassung, die es uns erleichtert, in kritischen Situationen zu reagieren.»

«Aber die trotzenden Kinder zerstören doch gerade diese Gemütsverfassung. Darin liegt doch das Dramatische und, ja, ich möchte sagen, Gefährliche. Ich habe – ja, das muß ich jetzt mal sagen – mehr als einmal die Selbstbeherrschung verloren.» Betty hatte mit erregter Stimme gesprochen, Aug in Aug mit Tante Claudia.

«Gut», sagte diese, bedächtig die Beine überschlagend und den Rock glattstreichend, als wolle sie jetzt, nach den Keksen, zum ernsten Teil des Nachmittags übergehen, «aber Ruhe und Temperament schließen einander nicht aus. Wenn Sie meinen, daß trotzige Kinder uns Erwachsene dazu auffordern, aus uns herauszugehen, so bleibe ich dabei: man kann auch auf ruhige Weise aus sich herausgehen. Und umgekehrt: Gekeife ist zwar laut und spektakulär, aber es hat nicht unbedingt etwas mit Temperament zu tun.»

«Da stimme ich zu», rief ich. «Wenn Ruhe für Sie einschließt, daß man sich getroffen fühlt und das auch zeigen kann – dann laßt uns ruhig sein!»

«Na ja», Tante Claudia lächelte ein wenig, «jetzt wollen wir aber Ruhe nicht *zu* breit fassen. Es stimmt, es ist sehr schwer, sie zu finden, schwerer noch, sie zu bewahren – wenn die Kinder erst mal verrückt spielen.»

«Uns're Ruh' ist hin»: die Gründe

Betty klopfte wieder auf ihren Bücherstoß. «Einige dieser Bücher hier über Kinderpsychologie sind schon recht alt. Wissen Sie, mein Vater hat sie mir aus der Leihbibliothek mitgebracht. Manche sind jahrelang nicht ausgeliehen worden. Sie merken an der Art der Texte, daß die teilweise längst verstorbenen Verfasser einen gleichmäßigeren Lebensrhythmus hatten als wir. Leute auf dem Lande sollen ja auch heute noch bessere Nerven haben. Die Belastungen in der Stadt sind eben besonders hoch – vor allem für Eltern und Kinder.»

«Einer der Gründe, warum immer mehr Eltern am Trotz ihrer Kinder verzweifeln», sagte Tante Claudia in getragenem Ton, der verriet, daß sie diesen Satz schon öfter vor besorgten Eltern ausgesprochen hatte, «liegt sicher in dem berüchtigten Stadt-Stress, ist also ein Umweltproblem. Die Eltern – überlastet, übermüdet – sind am Ende ihrer Geduld; die Kleinkinder, die viel zuwenig Auslauf haben, die in der Einbauküche nichts anfassen dürfen, die immer leise sein müssen wegen der Nachbarn, finden oft gar nicht erst den Anfang ihrer Geduld. Das verschärft das Trotz-Problem oder macht aus dem Trotz überhaupt erst ein so großes Problem.»

«Hörst du», lachte Betty, «es sind *doch* äußere Einschränkungen schuld, wenn Kinder trotzen.»

«Bevor es mit Jesper losging», erklärte ich Tante Claudia, «hatte ich geglaubt, Kinder bekämen nur die Wut, wenn man ihnen zu viel verböte! Das denke ich jetzt nicht mehr ...»

Tante Claudia fuhr zu mir gewandt fort: «Stress, die Großstadtatmosphäre verschärfen das Trotz-Problem, sind aber nicht seine Ursache. Ihre Cousine –» sie lächelte zu Betty hinüber – «hat mir von Ihren Gesprächen erzählt. Die psychologischen Ursachen haben Sie richtig herausgedeutet: Konflikte zwischen Wollen und Können, zwischen Wunsch nach Selbständigkeit und Abhängigkeit, zwischen Übermut und Angst – das ergibt eine so explosive Mischung im Kleinkindalter, daß Ausbrüche so gut wie unvermeidlich sind. Aber wir wollen ja jetzt, wenn ich Sie richtig verstanden habe, überlegen, wie wir als Erwachsene dem Trotz begegnen können. Und da stoßen wir in der – wenn ich so sagen darf – Literatur von gestern, auch in den traditionellen Ausbildungsinhalten für Pädagogen – ich weiß, wovon ich rede – auf das *Gebot der Ruhe*. Nun, was können wir heute damit noch anfangen? Wer hat heute noch Ruhe? Und wen wir sie haben, was ist sie noch wert im Trotz-Drama?»

Betty hatte das dritte Blatt auf unserem Block mit einer großbuchstabigen Überschrift eingeweiht. Ich reckte den Hals und las vor:

«Was können wir tun? Die Ratschläge von gestern und ihre Grenzen.»

«Wir haben schon einiges zusammengetragen heute nachmittag.» Betty sprach mit Eifer. «Ich notiere mal: Der Ratschlag von gestern heißt: ‹Ruhe bewahren!› Und nun lassen Sie mich zusammenfassen. Tante Claudia fand, daß Ruhe gut sei, wenn man sie habe. Hm, da können wir sicher zustimmen. Wir sind uns auch einig, daß Ruhe heute eine Art knappes Gut ist. Wenn man *das* bedenkt, scheint es sinnlos oder doch sinnarm, zur Ruhe aufzufordern.»

«Als *Beruhigung für Eltern*, die sich über das Trotzverhalten ihrer Kinder furchtbar erschrecken, hat diese Aufforderung einen gewissen Sinn», bemerkte Tante Claudia. «Als Hilfe, um Probleme zu lösen, gibt es aber wenig her, da haben Sie recht.»

«Also schreib ich mal», sagte Betty, den Block zurechtrückend, *«Uns're Ruh' ist hin ...»* Und dann fuhr sie fort: «Nun haben wir über die Gründe nachgedacht, weshalb uns die Ruh' abhanden kam. Einer davon liegt in der äußeren Welt, die vor allem in der großen Stadt von Zeitdruck, Enge, Stress gezeichnet ist. Aber nun weiter. Welche Gründe gibt es noch?»

«Ein weiterer Grund ist die Einsamkeit der Familien heute»,

sagte Tante Claudia. «Mütter und Kinder schmoren zu oft und zu lange im sterilen Saft der Ausschließlichkeit ihrer Beziehung. *Ich* bin noch in einer Großfamilie aufgewachsen. Wir waren fünf Kinder, Großeltern lebten im Haus. Mein Vater hatte einen Handwerksbetrieb – Möbeltischlerei. Wir Kinder durften zwar nicht in die Werkstätten, aber wir schmuggelten uns oft genug hinein. So war uns der Alltag zu Hause nie langweilig. Und wenn mein kleiner Bruder einen Trotzanfall bekam, dann lachte ihn der Geselle aus, dann versuchte der Lehrling, ihn auf andere Gedanken zu bringen, und wenn auch das nichts half und der Kleine anfing zu treten, dann kam der große Bruder und schimpfte und schüttelte oder klapste den kleinen, und der Opa zog ihn schließlich auf die Knie, und dann war's gut. Die Reaktion auf den Trotz wurde *verteilt*; deshalb konnten die einzelnen, die da reagierten, irgendeine Form von Ruhe bewahren oder finden; das trotzende Kind kriegte die verschiedensten Angebote für eine *Rückkehr* aus der Wut, für eine Beruhigung, und irgendwas war dann auch meist dabei, an das es sich tatsächlich halten konnte. Und heute ...»

Tante Claudia machte eine kleine Pause, dann kamen ihre Worte noch nachdrücklicher. «Ich weiß, wovon ich rede, denn als Mutter lebe ich nun leider in einer Kleinfamilie. Eine einzelne Frau, die womöglich noch berufstätig ist und Ärger am Arbeitsplatz hatte oder die noch ein Baby versorgen muß oder die schwanger ist und sich nicht wohl fühlt – die ist überfordert, wenn sie ein heftig trotzendes Kleinkind hat. Als unsere Kleinste in den Windeln lag, war die Claudine zwei Jahre alt – diese Zeit möchte ich nicht noch mal erleben.»

Wieder eine konzentrierte Pause, ehe Tante Claudia weitersprach. «Ich sagte vorhin, ich verstünde unter Ruhe die Fähigkeit zum Ausgleich. Diese Ruhe fehlt, weil erstens zum Ausgleich der Kinderwut mehrere Erwachsene da sein müßten, aber meist eben nicht da sind, und weil zweitens Ruhe und Abwechslung als Quelle der Erholung für Mütter in der Kleinfamilie zu selten sind.»

««Uns're Ruh' ist hin», steht hier», sagte Betty. «Ich schreib mal dazu: ‹Gründe: *Stadt-Stress; Isolation der Familien*›. Sonst noch Gründe?»

«Tja», Tante Claudia lehnte sich zurück und senkte die Stimme, «da gibt's schon noch welche – und die liegen in unserer Zivilisation. Haben Sie sich jemals mit ostasiatischer Philosophie beschäftigt?»

Ich schüttelte den Kopf – aber Betty blickte auf, lächelte und zitierte: «Die eigene Mitte finden . . .»

Tante Claudia nickte: «Ich glaube, es spricht für sich, daß es heute unzählige Meditationszirkel und Therapiegruppen gibt, die sich an ostasiatischer Philosophie orientieren. Die Leute suchen ihre verlorene Ruhe. Ob das der richtige Weg ist, Anleihen zu machen bei Philosophien oder Religionen, die mit einer uns ganz fremden Tradition und Geschichte verwoben sind – also, das bezweifle ich. Aber diese vielen Versuche zeigen doch: Es fehlt was bei uns. Wir vergötzen das Tempo, das Funktionieren, die Leistung, haben Fetische daraus gemacht. Aber all das . . . es läßt uns irgendwie unbefriedigt. Und für ein Leben mit Kindern sind diese modernen Fetische fatal. ‹Zeit ist Geld.› Kinder sind in dieser Zeit, die Geld sein soll, nicht vorgesehen. Und wenn dann doch welche da sind, läßt sich die verlorene Ruhe nicht aus dem Hut zaubern.»

«Auch nicht durch Ermahnungen in Erziehungsbüchern», warf Betty ein.

«Ja. Insofern muß ich Ihnen beiden zustimmen. Eine Berechtigung hat die Aufforderung zur Ruhe nur dann, wenn man sie als eine Art Trost auffaßt, so in dem Sinn: Es ist ja letzten Endes halb so schlimm.»

«Daß es halb so schlimm sei mit dem Trotz», ereiferte sich Betty, «können nur Leute meinen, die es vergessen oder nie erlebt haben.»

«Nun, nun», Tante Claudia hob die Hände und sah erst mich, dann Betty begütigend an. Betty spitzte ihren Bleistift.

«Was schreib ich denn jetzt?» fragte sie einlenkend.

Ich schlug vor: «Dritter Grund: *Ruhelose Zivilisation.*»

Betty vergewisserte sich mit einem Blick Tante Claudias Einverständnisses. Dann notierte sie unseren dritten Grund für die verlorene Ruh'.

«Jetzt sollten wir», fuhr sie fort, «auf das, was Marion vorhin gesagt hat, zurückkommen: daß ja der Trotz oder –» sie zwinkerte mir zu – «daß die *Wut* der Kinder als Herausforderung an unser Temperament verstanden werden könnte. Sicher, wir haben gesagt, daß Temperament und Ruhe einander nicht ausschließen, sondern sich vielleicht gar bedingen. Wäre es nicht doch interessant, von der elterlichen Ruhe als Antwort auf kindliche Wut mal wegzukommen und über eine aktive Reaktion der Erwachsenen zu sprechen?»

«Gewiß», sagte Tante Claudia, «aber damit wir nicht durcheinandergeraten, sollten wir diesen Plan aufschieben. Wir sprechen ja jetzt über die traditionellen Ratschläge, Ratschläge, die zwar alt sind, aber immer noch fast die einzigen, die wir zu hören bekommen. Können wir über *neue Lösungen* nicht später beraten? Da hätte dann die Idee einer aktiven Reaktion der Erwachsenen ihren Platz.»

Ruhe ist nicht Gleichgültigkeit

«Gut», sagte ich und wandte mich Tante Claudia zu, «eins möchte ich nur schnell loswerden. Was mir längere Zeit nachging, war Ihre Bemerkung: ‹Ruhe ist nicht dasselbe wie Lethargie.› Ich glaube, darin steckt eine wichtige Kritik am Verhalten vieler Erwachsener. Ich fürchte, auch ich muß mir diesen Schuh anziehen. ‹Seine Ruhe haben wollen› – das ist ja ein Sich-Abschließen, ein Sich-nicht-einlassen-Wollen, das mit der schönen Ruhe aus der ... ähm ... ostasiatischen Philosophie gar nichts zu tun hat. Wissen Sie, bei unserem ersten Gespräch haben meine Cousine und ich uns überlegt, wie wir das in Worte fassen können, was *wir* empfinden, wenn die Kinder Wutanfälle kriegen. Wir sprachen von der Kinderwut als von einem emotionalen Raubüberfall ...»

Tante Claudia lachte und ließ ihre Handflächen zu einem kurzen Klatscher gegeneinanderschlagen.

«... wir sprachen davon», fuhr ich fort, «daß wir uns zunächst mal dagegen *wehren*, an einem heftigen Gefühl teilzunehmen, das wir selber ja gar nicht entwickeln konnten. Und dessen Anlaß uns oft dunkel bleibt. Wir wollen unsere Ruhe *haben* – aber wir wollen keine Ruhe schaffen oder stiften oder schenken. Das ist es aber wohl, was not täte.»

Tante Claudia sah mich mit aufmerksamen Augen an. «Da liegt das Problem», sagte sie mit Betonung. «Wenn wir die, wie Sie es nannten, *schöne* Ruhe hätten, dann könnten wir uns in die Kinder einfühlen und dann könnten die Kinder leichter Ruhe geben. Sich selbst und uns.»

Betty hielt den Zeitpunkt für eine Notiz für gekommen und

fragte: «Wie klingt denn: ‹Ruhe, die nichts anderes wäre als Teilnahmslosigkeit, ist nicht gemeint.›»

Konsequent sein – auch bei Trotz?

Tante Claudia und ich nickten. Dann fragte ich:

«Was für gängige Ratschläge gibt es eigentlich noch?»

«Oh, da weiß ich was», rief Betty, «die *Konsequenz*! Man muß konsequent sein!»

«Ja, das haben wir noch in der Ausbildung gelernt», bestätigte Tante Claudia. «Man liest es auch oft genug: Gegenüber trotzenden Kindern sollen die Erwachsenen auf *ihrem Willen* bestehen. Das ist eigentlich merkwürdig, wenn man bedenkt, daß ja doch im Trotzalter der Wille des Kindes, sein Eigenwille sich bildet. Und seine Fähigkeit, aus Absichten Taten zu machen.»

Sie schaute in die Runde. Als keine von uns reagierte, fuhr sie fort: «Wäre da nicht die Frage: Wie unterstützt man diesen Prozeß am besten? Dadurch, daß man nachgibt oder dadurch, daß man dagegenhält?»

«Kann man nicht», ich erinnerte mich der einen oder anderen Situation mit Jesper, «je nachdem *beides* tun?»

Tante Claudia streckte mir eine Hand entgegen, als wolle sie mir einen Gruß entbieten und lächelte mich dabei so liebenswürdig an, daß ich in diesem Augenblick beschloß, auch für Jesper einen Kindergartenplatz zu beantragen.

«Wir, als Erwachsene, irren uns doch auch», sagte sie. «Verlangen wir von den Kindern nicht auch mal das Falsche im falschen Moment? Dann auf unserem Willen zu bestehen – aus ‹Erziehungsgründen›, weil das Kind gerade durch seine Trotzphase geht – das halte ich für einen groben Fehler. Obwohl ein Einlenken dem Trotz oft gar nicht beikommt, kann es angebracht, ja nötig sein. Auch dann übrigens, wenn das, was wir verlangt haben, eigentlich sinnvoll war. Wir müssen es von der Situation abhängig machen, ob wir ‹nachgeben› oder ‹hart bleiben›. Bloß nicht zu viel Prinzipien! Von was für Familientragödien habe ich in meinen Beratungsgesprächen mit Eltern schon gehört: ausgelöst durch nichts anderes als durch einen vermeidbaren ‹Trotz› der Erwachsenen. Oft steckt eine gute Absicht hinter dem schädlichen ‹Hartbleiben› – manchmal aber auch der kaum verhüllte Wunsch, jetzt mal dem Kind zu zeigen, wer Herr oder Herrin im Hause ist. Es kleinzukriegen.»

«Herrin im Haus sollten wir unter keinen Umständen sein wollen? Erwarten es die Kinder nicht manchmal? Erleichtert eine – freundlich ausgeübte – Herrschaft nicht manches?» fragte ich, vorsichtig mit dem Blick zu Tante Claudia hinübertastend.

«Ich bin für Demokratie in der Familie», sagte Tante Claudia, hob das Kinn und lehnte sich zurück. Sie sah äußerst entschieden aus. Aber ich mußte noch einmal nachhaken.

«Gibt es nicht Situationen, in denen Hartbleiben – unumgänglich ist?»

«O gewiß», rief Tante Claudia freimütig, «wenn ein Kleinkind aus Provokationslust auf die Straße rennt, ist Strenge angebracht. Ich bereue den Poklaps nicht, den ich Claudine einmal in einem solchen Falle gab. In allen Fällen, in denen Kinder sich oder andere ernstlich gefährden, gibt es keine Kompromisse, das ist klar.»

«Und andere, harmlosere Situationen?»

«Ich habe die Erfahrung gemacht», sagte Betty, «daß ein Zuviel an Zurückstecken meinerseits, auch in Kleinigkeiten, sich irgendwann rächt. Es kommt dann nämlich der Punkt, an dem ich nicht mehr kann – und dann gehen mir die Nerven bei einer völlig harmlosen Sache durch. Und das ist manchmal schlimmer als das Standpunkt-Wahren von vornherein.»

Tante Claudia wurde eine Spur unruhig in ihrem Sessel.

«Wir dürfen aber jetzt die Angelegenheit nicht unnötig komplizieren. Letzten Endes müssen Sie so handeln können, wie es Ihnen *im Moment* richtig oder tunlich erscheint. Was mir immer wieder auffällt in Gesprächen mit Eltern ist der Mangel an Unbefangenheit im Umgang mit Kindern. Für alles wollen Mütter und Väter Handlungsanweisungen – die gesamte Kommunikation mit ihren Kindern ist ‹künstlich›, sie wird erledigt wie ein Auftrag. Was sollen wir machen, wenn das Kind eine freche Antwort gibt? Was sollen wir machen, wenn das Kind unsre Katze zwickt? Du meine Güte! Fehlt nur noch, daß sie fragen: was sollen wir machen, wenn das Kind uns küßt! Obwohl es vielerlei gibt, was man im Umgang mit Kindern *besonders* beachten muß, gilt doch, daß ein spontanes Verhalten das beste wäre.»

Betty errötete leicht und fragte, ihr Halstuch aufknotend:

«Meinen Sie, daß wir ... Aber wir waren wirklich ratlos ...»

«Oh, mißverstehen Sie mich nicht. Heftig trotzende Kinder: ja, da weiß man wirklich oft nicht, wie man sich verhalten soll, das ist so eine Frage, die zu besprechen sich lohnt.»

Sie lächelte – wie ein Profi lächelt, wenn er das Format einer Aufgabe als seiner würdig anerkennt.

«Wir reden ja jetzt von der *Konsequenz*. Also, ich halte davon nichts. Natürlich sollte man Kinder nicht verwirren, indem man abwechselnd erlaubt und verbietet, also Schaukelpolitik betreibt. Aber was man im einzelnen den Kindern an Möglichkeiten gewähren kann und will und was nicht: das herauszufinden ist ein Prozeß, eine Auseinandersetzung, die ihre Zeit braucht, in der man auch experimentieren und abwarten muß usw. Mit vorgefaßten Konzepten stiftet man mehr Unheil als Nutzen. Bitte entscheiden Sie situationsabhängig. Wenn Sie selbst einigermaßen wissen, was *Sie* wollen, werden Sie schon nicht in Schaukelpolitik verfallen.»

Ich unterbrach sie ein wenig übermütig: «Selbst wenn ich davon überzeugt wäre, daß Konsequenz richtig sei, wäre ich dazu gar nicht immer in der Lage. Einfach weil ich zu viel um die Ohren habe. Zum Beispiel: gestern hab ich Jesper dazu gebracht, die Finger von Rolfs Hobby-Zeitschrift zu lassen. Heute früh *konnte* ich es ihm nicht verbieten, weil ich die Milch auf dem Herd hatte. Ich habe so getan, als hätte ich nicht gesehen, wie er . . .»

«So ist es», versetzte Tante Claudia und zuckte die Schultern. «Wenn wir immer konsequent sein wollten, würden wir ja zur Hauspolizei. Fürchterlich.»

Betty mit ihrer Neigung zum produktiven Unfrieden bohrte nach: «Und wenn Jesper morgen wieder die Hobby-Zeitschrift nimmt und du gerade überhaupt keine ‹schöne Ruhe› hast, wirst du ihn ausschimpfen, und dann weiß er wirklich nicht mehr, wo oben und wo unten ist.»

«Das ginge natürlich nicht», versicherte ich eilig, «ich würde sagen: ‹Jesper, leg die Zeitung zurück, die gehört Papa, du darfst sie angucken, aber nicht wegschleppen oder kaputtmachen.› Also eine Art Mitte finden, daß er weiß: ein heißes Tabu ist diese Zeitschrift nicht, aber auch nichts, was ich in meinen Spielzeugkorb packen kann.»

«Und wenn Jesper die Zeitung trotzdem in seinen Spielzeugkorb packt? Was dann? Wegnehmen – also Konflikt? Oder ein Auge zudrücken?»

«Ich würde ihn noch mal bitten, die Zeitschrift zurückzulegen und schließlich, zur Not, sie ihm wegnehmen und den Konflikt riskieren.»

«Und wenn du gerade Milch auf dem Herd stehen hast? Nach dem, was du mir neulich erzählt hast, findest du diese Hobby-Zeitschrift ohnehin ein bißchen überflüssig.»

Ich wurde nervös und wollte schon so tun, als sei ich bereit, alles zu wagen, um Rolfs Hobby-Zeitschrift zu retten, als ich sah, daß Tante Claudia schmunzelte.

«Sehen Sie», sagte die Gute, «wenn die Konsequenz schon in so schlichten Situationen so schwierig ist, wieviel stärker müssen wir dann abwägen, wenn ein Kind trotzt. Ich habe da in meiner Gruppe ein knapp dreijähriges Mädchen, Petra, die noch sehr im Trotz drinsteckt. Sie weiß, daß in der Gruppe nicht mit harten Gegenständen geworfen werden darf. Nun hatte sie neulich nach einer Auseinandersetzung mit einer Kollegin einen schlimmen Trotzausbruch. Sie schrie minutenlang, ließ sich nicht ansprechen oder berühren. Der erste Kontakt, den sie aufnahm, galt mir: sie warf nach mir mit einer Holzlokomotive. Ich war zwar ärgerlich, aber auch froh, denn ich wußte: Jetzt kommt sie aus sich heraus, jetzt wird's bald wieder gut sein.

Ich habe dafür gesorgt, daß unsere Kleinsten aus dem Weg kamen, und habe zugelassen, daß Petra noch ein paar Eisenbahnschienen herumschmeißen konnte. Es stimmte, die Würfe *waren* eine erste Hinwendung zur Außenwelt. Zehn Minuten später half Petra meiner Kollegin beim Tischdecken. Ich habe überlegt: soll ich sie noch mal ermahnen wegen des Werfens? Ich hab es *nicht* getan; Petra *wußte* ja, daß sie was getan hatte, was eigentlich nicht anging. Hätte ich ihr das noch mal gesagt, hätte ich sie nur beschämt. Stattdessen sprach ich mit zwei Jungen, die die Szene beobachtet hatten. Ich sagte zu ihnen: Petra hat eben getobt; sie hat sich selbst dabei nicht besonders gut gefühlt. Wir wollen es ihr nicht nachtragen, daß sie mit Sachen geworfen hat.»

Mit dem Kopf nickend schrieb Betty etwas auf den Block. Dann las sie vor: «‹Konsequenz. Als Prinzip abzulehnen. Situationsabhängig entscheiden.›»

Die Zeit der ungemütlichen Situationen

«Ist richtig so», meinte Tante Claudia.

Dann wies sie auf Bettys Bücherstoß. «Vielleicht hat Ihr Herr Vater Sie absichtlich mit klassischen Werken eingedeckt», sagte sie. «In der neueren Literatur, in der fortschrittlicheren jedenfalls, werden all diese Fragen schon lockerer behandelt.»

«Mein Vater ist eigentlich sehr aufgeschlossen. Er hat genommen, was er in der Leihbibliothek finden konnte.»

«Noch was möchte ich zur Bücherweisheit anmerken», fuhr Tante Claudia fort, «diese Neigung zum Abwiegeln, zum nur bedingten Ernstnehmen des Trotzes in der älteren Literatur, über die Sie sich so geärgert haben, hat etwas damit zu tun, daß diese Autoren letztlich keine Lösung anbieten konnten. Deshalb blieb ihnen nichts anderes übrig, als zu sagen: Nehmen Sie es nicht so schwer, es geht vorüber. Die neuere Literatur, die auf viel breiterer kinderpsychologischer Forschung aufbauen kann, ist kühner. Sie hält eine Entschärfung des Trotz-Dramas für möglich – durch Einfühlung und ein sorgsam auf die kindliche Eigenart, die Situation usw. abgestimmtes Handeln. Aber sie überfordert damit die Durchschnittseltern. Man kann nicht aus allen Erwachsenen ausgefuchste Kinderpsychologen machen. Man kann es nicht und sollte es auch nicht. Ich muß Ihnen also leider sagen: eine einfache, zuverlässig den Trotz auflösende Reaktion der Erwachsenen gibt es nicht. Der Trotz läßt sich nicht oder kaum wirksam abfangen. Wenn Ihre Kinder so sind, wie Sie sie beschrieben haben, werden Sie eine Reihe äußerst ungemütlicher Situationen durchzustehen haben. Über dieses Durchstehen können wir reden. Wir können versuchen, Fehler zu vermeiden, die alles noch schlimmer machen. Wir können uns gegenseitig entlasten, indem daß wir uns zeigen, wie verbreitet und wie ähnlich das Trotzverhalten unserer Kleinkinder ist. Wir können über die Gründe und Bedingungen des Trotzes reden. All das erleichtert Einfühlung – und die ist nun mal beim Umgang mit dem Trotz das A und O. Patentrezepte gibt es nicht. Tja, ich fürchte, nur wenn Kinder wenig oder gar nicht trotzen – das gibt's auch – kommen die Eltern um eine Rolle im Trotz-Drama herum. Jene Kinder, die meisten, für die das Unabhängig-Werden ein Drama *ist* – die ziehen ihre Eltern mit hinein.»

«Oje, oje», stöhnte ich.

«Wenn sie so drei sind», tröstete Tante Claudia, «ist meist das Schlimmste überstanden. Wie alt ist denn Ihr Junge?» «Er wird bald zwei», antwortete ich, «aber ich meinte gar nicht nur Jesper. Ich ... wenn alles gut geht ... wir ...» Ich schämte mich sehr, weil ich so stotterte und war froh, daß Betty aufsprang und – «Marion!» – einen Fußschemel umwerfend zu mir herübereilte: «Du kriegst ein Baby! Was für eine Nachricht. Meinen Glückwunsch! Wann denn?» Und ohne meine Antwort abzuwarten, klärte sie Tante Claudia auf: «Meine Cousine und ihr Mann haben schon beim ersten bedauert, daß es keine Zwillinge waren ...»

Da klingelte es an der Tür. «Das wird Rolf sein», rief ich. «Er wollte mich mit Jesper abholen.»

Betty lief hinaus. Tante Claudia drückte mir die Hand. «Alles Gute für Sie. Ihre Cousine sagte mir, daß Sie hier in der Nähe wohnen. Melden Sie doch Ihren Sohn fürs nächste Jahr bei uns an. Sie werden Ihre Vormittage brauchen.»

Ein Trotz-Ereignis mit mehreren Statisten

Die Tür ging auf, Rolf erschien; er entließ Jesper aus seinem Arm.

«Mama, Mama, kuck ma ...» Jesper hatte auf der Bank ein Sparschwein geschenkt bekommen. «Geld 'eintun», erläuterte er. Dann versuchte er, das Schwein auseinanderzunehmen.

Betty entlockte Rolf Einzelheiten über unsere Aussichten auf Familienvergrößerung. «Wenn's nach mir ginge», hörte ich Rolf sagen, «könnten dann noch zwei hinterherkommen.»

«Du lieber Teufel», kicherte Betty, «und was mach ich? Ich gehe wieder auf die Fachschule. Gott sei Dank! Ob du's glaubst oder nicht – es macht mir Spaß. Ich möchte Sprachen lernen. Ich möchte später in meinem Beruf arbeiten. Kein Kind könnte mir das ersetzen. Und kein Kind soll mir das wegnehmen.»

Jesper, der das Schwein nicht aufbekam, wurde unruhig. Schließlich schmiß er aufbrüllend das Ding von sich, versetzte mir ein paar Fäustchenschläge gegen die Brust und rangelte sich auf den Boden, laut schreiend. Mir wurde es heiß, ich flüsterte dringlich auf Jesper ein: «Spätzchen, bitte ...»

«Lassen Sie nur», vernahm ich da Tante Claudias Stimme, «Sie sind ja nicht allein.»

Und wirklich: nachdem meine erregten Worte und Rolfs freundliche Annäherungsversuche nichts gefruchtet hatten, kam Marion auf die Idee mit der Gitarre. Sie holte ihr Instrument von der Wand und spielte La Paloma. Rolf summte mit. Jesper hörte erst mal mit Schreien auf. Dann begann Tante Claudia in aller Ruhe aus einem leeren Blatt von Marions Block ein Schiffchen zu falten. Ich sagte: «Hier wird ein Schiff gebaut»; und kurz nachdem Jesper den Kopf gehoben und das Schiffchen in Tante Claudias Hand eines schrägen, aber längeren Blicks gewürdigt hatte, ging die Tür auf und Theo kam mit Milena herein. Theo intonierte sofort: «Einmal muß es vorbei sein ...» Und Milena, zwischen den Knien ihrer Mutter auf und niederhopsend, strahlte abwechselnd Tante Claudia und Jesper an.

Wenig später spielten Milena und Jesper mit einer Flotte Papierschiffchen auf dem Teppich. Das Sparschwein war die Boje.

«Sehen Sie», sagte Tante Claudia leise zu Betty und mir, «so ähnlich ging es zu, wenn mein kleiner Bruder in der Tischlerwerkstatt ‹seinen Bock› hatte. Es waren einfach zu viele Leute da, als daß nicht irgend jemand dabei war, der den Bann brach. Und zwar ohne daß es zum *großen* Drama kam. Wenn ich Ihnen einen wirklich guten Rat geben darf: sorgen Sie für ‹Betrieb›, für stabile Freund- und Bekanntschaften zwischen groß und klein und klein und klein. Besonders Sie –» sie blickte Betty an – «die Sie es bei einem Kind belassen wollen. Einsamkeit ist nichts für Kinder. Und Mutti allein genügt keineswegs. Bedenken Sie, daß der Trotz aus der *Angst* stammt, aus der Angst vor dem Verlassenwerden, ohne das es nun mal kein Selbständigwerden gibt. Und wie nah Einsamkeit und Angst aneinandersitzen! Dann können Sie sich denken, wieviel leichter es Kinder haben, die *mehrere* Freunde, Geschwister, Tanten oder sonstwen um sich wissen. – Ich muß nun gehen.»

Bevor wir Tante Claudia zur Tür brachten, verabredeten wir uns für den nächsten Sonntag zu einem Gespräch über ‹neue Wege› des Umgangs mit der Kinderwut. Rolf nahm Bettys Bücher zur Hand und blätterte eifrig. Mein Onkel Theo studierte unsere Notizen.

«Ich sollte anfangen, mich sachkundig zu machen», sagte Rolf. «Meine Frau ist nur dann mit mehreren Kindern einverstanden, wenn ich mich zum vollwertigen Vater emanzipiere.»

«Wie recht sie hat», rief Tante Claudia an der Tür. Beide, Rolf und Theo, baten darum, an unserem nächsten Gespräch teilnehmen zu dürfen.

Kapitel 5

Was können wir tun?
Neue Wege

«Zurücktrotzen, Herumschreien, Mit-Sachen-Werfen, Türen-schlagen, ja, sogar Tätlichwerden gegen Milena, verzeih mir, wer kann – das ist es, was ich *getan* habe. Und von dem ich, noch während ich es tat, wußte: es ist falsch und verwerflich. Inzwischen denke ich: vielleicht war es doch nicht ganz und gar falsch.»

Wir saßen um den von Rolf und mir mit Käsekuchen und Kaffee gedeckten runden Tisch in unserem Wohnzimmer, bereit zur Dis-kussion. Bettys Block lag zwischen Kuchengabel und Zuckerdose neben ihrem Teller. Der Narzissenstrauß, den mir Tante Claudia mit der Bitte, ihr die «Tante» zu ersparen und sie beim Vornamen zu nennen, überreicht hatte, prangte neben der Kaffeekanne. Die große Runde machte mich befangen. Aber Betty, die Verlegenheit kaum zu kennen schien, war gleich mitten ins Thema gegangen.

«Ja, ich meine», sagte sie nach einem prüfenden Blick in die Runde, «vielleicht war meine Aggressivität gegen Millie nicht ganz und gar falsch ... Das Ruhegebot: Ich habe es bei mir selbst und in Gesprächen mit Marion und Claudia in zweifacher Weise in Frage gestellt. Zum einen ist es oft einfach nicht praktikabel: man kann nicht immer ‹Ruhe bewahren› – aus mancherlei äußeren und inne-ren Gründen. Zum anderen ist es womöglich nicht mal immer rich-tig: selbst wenn man könnte, *sollte* man – vielleicht – nicht immer ruhig bleiben: weil das die Kinder noch mehr verstören und in die Wut hineintreiben kann. – Marion nannte neulich die Kinderwut eine Herausforderung an unser Temperament. Sie fand, daß die Kinder mit ihren Gefühlsexplosionen uns zeigen, wie wenig bei uns Großen eigentlich emotional ‹los› ist. Den Eindruck hatte ich bei Millie auch, habe ich oft noch. Dann scheint es mir, als wolle sie Lautstärke und Toberei – von mir. Ich möchte ihr gern eine ‹moderne Partnerin› sein – ganz im Sinne von ‹Demokratie in der Familie›. Und dann ruft sie plötzlich die Tyrannei aus. Ist da nun die superrationale Reaktion, die das A und O sein soll, ist da diese unendliche Verständnisproduktion wirklich das einzig Wahre? Ich weiß nicht, ich weiß nicht.»

Sie lehnte sich einen Augenblick zurück. «Damit ihr mich recht versteht – ich will nicht explodieren wie Millie. Ich *will nicht* die Kontrolle verlieren. Ich frage mich aber jetzt, ob es nicht eine Reaktion auf die kindliche Wut gibt, die Kontrolle mit Temperament oder, sagen wir, *Heftigkeit* verbindet. Eine Alternative also zu der erzwungenen Ruhe oder der zwischen zusammengebissenen Zähnen noch so eben hergestellten und schließlich unglaubwürdigen oder gar nicht mehr möglichen Geduld.»

Das Allerschwerste: kontrolliert zurücktrotzen

Ich rückte ein Stück zur Seite, um Claudias Gesicht, das die Narzissen mir zustellten, besser zu sehen. «Gezügelte, kontrollierte Heftigkeit als Antwort auf einen Trotzausbruch», sagte Claudia, «ist, glaube ich, das *Allerschwerste*. Es ist dennoch, da haben Sie recht, ein Weg, über den man nachdenken muß. Lassen Sie mich so sagen: Ausdruck starker Bewegung, emotionaler und körperlicher, Lautstärke, ganz allgemein Heftigkeit: die brauchen Sie nicht zu scheuen. Nur: während Sie ‹zurücktrotzen›, müssen Sie sich in der Hand behalten. Sie müssen Heftigkeit quasi darstellen. Sie dürfen, Sie sollen wildes Fuchteln oder lautes Aufstampfen als Ventil für Ihre eigene Erregung nutzen; Ihr ‹Auftritt› muß jedoch eine ‹*Inszenierung*›, eine ‹Kunst› bleiben. Sie dürfen nicht Ernst machen. Verstehen Sie? Wie ein Schauspieler auf der Bühne, der, während er gestikulierend und laut ausrufend auf und ab schreitet, zwar einen starken Ausdruck produziert und sich auch entsprechend raumfüllend erlebt, aber dennoch keine ‹echte›, wilde Wut empfindet. Das Problem ist nun, daß Sie als Nicht-Schauspieler mit der Gefahr fertig zu werden haben, von der Heftigkeit Ihres Ausdrucks in wirkliche Heftigkeit hineingerissen zu werden. Und das wäre fatal. Lieber ein bißchen weniger Temperament als das Risiko, daß aus der kontrolliert dargestellten Rage plötzlich eine blinde Rage wird.»

Da ergriff Rolf das Wort: «Also, ich komm nicht ganz mit. Ich denke: entweder es geht mir über die Hutschnur, und ich platze *oder* ich behalte mich in der Hand. Warum sollte ich so tun, als ob es mir über die Hutschnur ginge, wenn ich mich in der Hand behalten kann?»

«Weil es vielleicht», antwortete ich, «für die Kinder leichter ist, wenn die Eltern mittoben.»

«Außerdem», fiel Betty ein, «gibt es fließende Übergänge. Anfangs wahrst du noch Geduld. Dann merkst du, daß du sie langsam verlierst. Wenn du jetzt denkst: ich *darf* nicht auftrumpfen, nicht schreien, dann stellt sich ein Krampf her, der alles verschlimmert. Oder es kommt zur wirklich schlimmen Explosion. Wenn ich aber weiß: ich kann ruhig auch ein bißchen Getöse veranstalten, dann drücke ich meine eigene Erregung so zeitig aus, daß sie sich nicht is zum Explosionsgrad zu steigern braucht, gleichzeitig willige ich sozusagen in das emotionale Klima ein, das das Kind stiftet.»

«Das ist ganz gut gesagt», bemerkte Claudia, «aber jetzt noch mal genauer: wir drücken unsere Erregung aus, sagt Betty. Wo kommt diese Erregung eigentlich her?»

«Vom Gör», antwortete Betty.

«So ist es. Es ist gar nicht unsere. Es ist die des Kindes, die sich auf uns überträgt. Und die können, ja sollen wir dem Kind von Zeit zu Zeit wie in einem *Spiegel* zeigen. ‹Hier, schau her, da ist sie, deine Wut.› Was ich in der Praxis gelernt habe, ist: wir Erwachsenen dürfen uns *vom Affekt der Kinder nicht wirklich anstecken lassen*. Wir müssen rechtzeitig gegensteuern, wenn wir merken: die Wut überträgt sich auf uns. Darin besteht ein Gutteil des Geheimnisses im Umgang mit Trotz-Kindern. Zwar werden wir ins Drama hineingezogen, aber immer nur als teilnehmende Beobachter. Wenn es gutgeht.»

«Teilnehmende Beobachter –» sagte Betty. «Wenn ich teilnehme, höre ich oft auf zu beobachten. Und wenn ich beobachte, nehme ich nicht mehr so recht teil.»

«Tja, beides zu verbinden, wäre eben die Kunst», fuhr Claudia fort. «Wer sagt denn, daß es einfach ist? – Wichtig ist eins: wir sollten versuchen, den Kindern die Hauptrolle nicht streitig zu machen. Selbst wenn wir mit ganzer Lautstärke einsteigen, sollten wir bereit bleiben, uns von den Kindern an die Wand spielen zu lassen. Wir sind nur Stichwortgeber, Chargen. Die Kinder – die Stars. Wenn's anders kommt, wird's problematisch. Wenn wir uns in die Wut hineinreißen lassen, verstärken wir die *Angst* der Kinder und damit schließlich ihren Trotz. Fazit: Sofern uns heftiges Reagieren auf das Kind hilft, nicht selber die Wut zu kriegen, bin ich damit einverstanden.»

«Wie wollen Sie denn das auseinanderhalten: wirkliche eigene Wut rauslassen oder bloß ‹mitspielen›, wie Sie sagten? Das können Sie doch praktisch gar nicht trennen», fand Rolf.

«Ich sagte ja: es ist das Allerschwerste», nickte Claudia. «Deshalb bleibe ich auch skeptisch gegenüber diesem Weg.»

«Aber er ist möglich. Ich habe es erlebt», sagte ich.

Alle sahen mich an. Mein Onkel Theo war so lieb, den Käsekuchen erneut rumzureichen. So gewann ich eine kleine Pause. Dann räusperte ich mich und begann: «Es war, als Jesper seinen Wutanfall im Bad hatte. Ich probierte es eine ganze Weile mit Geduld. Aber dann wurde ich böse. Ich – ja, ich glaube, ich ließ mich von Jespers Affekt anstecken.»

«Du brülltest ihn an?» wollte Betty wissen.

«Nein ...» ich zögerte. «Weißt du, wenn ich böse werde, werde ich gar nicht laut. Ich werde larmoyant. Ich mache Vorwürfe. Ich erinnere mich, daß meine Mutter das auch tat und daß ich als Kind darunter litt. ‹Deinetwegen habe ich auf so viel verzichtet ...› usw. Schrecklich! Und beginnt diese Haltung sich nicht herzustellen, wenn wir angesichts der Schwierigkeiten mit unseren Kindern Selbstmitleid empfinden? – Also, ich habe laut losgejammert: ‹Jesper, was hab ich dir getan?› usw. Jespers Wut wuchs daraufhin an. Er schlug mich. Jetzt kriegte auch ich eine helle Wut. Aber kurz bevor ich geplatzt wäre, die Kontrolle verloren hätte, gelang es mir, einen Weg einzuschlagen, der Gegen-Aggression mit einem Moment von Inszenierung, also von Kontrolle, verband. Obwohl mir das in diesem Moment nicht so recht klar war. – Ich bewarf Jesper mit weichen Gegenständen.»

Ringsum Gelächter, und mein Onkel Theo stand eigens auf, um mir Kaffee nachzuschenken.

«Was denn für Gegenstände?»

«Mützen und Tücher von der Garderobe. Durch das Werfen

habe ich ‹Dampf abgelassen› und zugleich den Fehdehandschuh, den Jesper mir hingeworfen hatte, aufgenommen. Ich tat ihm nicht weh. Ich glaube, das war so eine Situation, wie sie Claudia beschrieb; ich fing meine eigene Wut ab und ließ mich doch, durch das ‹Zurückwerfen› von Jespers Wut, *heftig* auf Jesper ein. Ich vermied es, von seinem Affekt so weit angesteckt zu werden, daß ich mich hätte vergessen können, und brauchte doch nicht eine in dieser Situation unnatürliche Ruhe zu erzwingen.»

Claudia nickte mir zu, während sie Sahne unter ihren Kaffee rührte; Onkel Theo erinnerte sich an ein Erlebnis mit der kleinen Betty.

Als er zu Ende erzählt hatte, fragte Claudia: «Wie reagierte Jesper?»

«Er hörte auf zu schreien – ich glaube, er erschrak, aber nicht tief. Es war vielleicht ein heilsamer Schreck. Kurz darauf schlief er in meinen Armen ein.»

«Tief?»

«Ja, sehr tief.»

«Dann war es wohl wirklich ein einigermaßen glücklicher Ausgang. Der tiefe Schlaf, in den Kinder nach schweren Trotz-Ausbrüchen manchmal fallen, ist, glaube ich, ein Versuch der Kinderseele, mit der Sache fertig zu werden, ohne sich ihr bewußt noch einmal aussetzen zu müssen. Die Verarbeitung geschieht im Traum. Meine Claudine hatte auch diese Eigenart; noch heute schläft sie nach seelischen Krisen einfach ein. Bei den Kleinkindern ist meist nach dem Aufwachen alles vergessen.»

«Ach wär das doch bei unsereinem auch so», seufzte Rolf. «Gestern hatte ich Ärger im Geschäft. Und heute morgen, an was hab ich als erstes denken müssen?»

Betty räumte ihren Kuchenteller beiseite und sagte: «Ich schreib mal unter ‹Neue Wege› auf meinen Block: ‹*Gezügelte Heftigkeit* ist eine mögliche Reaktion auf Kinderzorn – sie ist schwer auszubalancieren, aber, wenn sie gelingt, besser als ungezügelte Heftigkeit oder erzwungene Ruhe.›»

Viele verschiedene Wege

«So ist es gut», sagte Claudia.

Und während sie mir half, die Tassen aufs Tablett zu stellen, fuhr sie fort: «Wir haben ja neulich, als Jesper wegen des Sparschweins so außer sich geriet, gesehen, wie günstig es ist, wenn *mehrere* Personen anwesend sind, um den Trotz abzufangen ...»

«Ich hab schon gestern den ersten Punkt hier eingetragen», unterbrach Betty. «‹Soziale Vielfalt erleichtert den Umgang mit dem Trotz.›»

«Wenn Sie zu mehreren sind», nahm Claudia wieder das Wort, «ist es oft gar nicht nötig, komplizierte Strategien auszutüfteln. Die gemeinsame Phantasie der Beteiligten produziert schließlich irgendwann eine Lösung. Wir sollten aber weder aus der ‹kontrollierten Heftigkeit› noch aus der ‹sozialen Vielfalt› ein Dogma machen. Abgesehen davon, daß Sie als Mütter, so wie Sie jetzt leben, oft eben mit den Kindern allein *sind* und der Beistand anderer Kinder oder Erwachsener eben einfach *fehlt*, wenn das Kleinkind sich auf den Boden wirft – abgesehen davon sind auch Kinder so verschieden, daß man letztlich kaum etwas verallgemeinern kann. Mit anderen Worten: Jedes Kind erfordert einen ‹neuen Weg›. Wir können *bindend* eigentlich nur sagen, was wir vermeiden wollen. Also wir sollten vermeiden, einem Kleinkind wenig soziale Abwechslung, vor allem Spielgefährten, zu gönnen. Wir sollten vermeiden, selbst die Kontrolle zu verlieren oder von uns Ruhe zu erzwingen. Aber *was* nun positiv im einzelnen zu tun sei: da können Ratschläge und Regeln nur Ideen, Anregungen sein, die dann vom Einzelfall, sprich: *vom Kind*, verändert werden müssen.

Meine Kleine zum Beispiel, die war immer ein zartes Pflänzchen. Sie hatte keinen ausgeprägten Dickkopf – aber es gab auch mit ihr Trotz-Szenen. Da war es dann das beste, ich schickte Claudine und den Papa raus und machte die Tür zu und blieb still bei ihr sitzen, bis es vorüber war. Ich konnte das auch, nachdem ich erst mal gemerkt hatte, daß das war, was sie brauchte.»

«Milena», rief Betty, «braucht manchmal dies und manchmal das. Ich habe mit ihr Auswege aus dem Trotz gefunden, indem ich laut sang, Gitarre spielte, ihren Teddy gegen die Wand pfefferte oder mit den Fäusten auf die Kommode trommelte. Manchmal

hab ich Theo dazugeholt. Ich hab's aber auch geschafft, indem ich allein mit ihr blieb und tröstend zu ihr sprach.»

«Jaja», sagte Claudia, «auch *ein* Kind geht, je nach Situation, verschiedene Wege – nicht nur aus dem Trotz heraus.»

Die Lehre des Pinocchio

«Da war noch was, auf das ich zu sprechen kommen wollte.» Rolf lehnte sich zurück und zündete sich eine Zigarette an. «Was sagtest du vorhin, Betty? Du seist tätlich geworden gegen Milena?»

Betty griff sich an den Hals.

«Was meintest du damit?» fragte Rolf.

«Ich habe Schläge ausgeteilt», antwortete Betty. «Keine allzu schlimmen, hoffe ich, aber immerhin. Ich bin ausgerastet, habe Millie auf ihren Windelpack geklopft, ihr auch welche auf die Pfoten gehauen.»

«Du meine Güte», Rolf setzte sich wieder kerzengerade, «wenn schon Eltern wie wir, nachdenkliche Leute, die Zeit genug haben, sich mit allen möglichen Problemen auseinanderzusetzen, wenn schon Eltern wie wir es nicht schaffen, auf Schläge zu verzichten, was soll dann aus der gewaltfreien Pädagogik werden?»

«Mein Gott, mir ist –» Betty schluckte – «mir ist die Hand ausgerutscht –»

«Betty! Hör auf!» Rolf wurde laut. «Wie kannst du dieses Wort verwenden! ‹Die Hand ausgerutscht . . .›, diese ewige Entschuldigung aller Prügel-Eltern . . .»

Betty versuchte, Rolf mit ihrem Blick zum Schweigen zu bringen. Vergeblich. Mein Mann, von dem ich gemeint hatte, er sei ruhig und einfühlsam, gab es ihr, daß es dröhnte. Er sprach von Kindesmißhandlungen und deutscher Erziehungstradition, von der Verantwortung der neuen Elterngeneration – bis plötzlich Betty ihren Stuhl nach hinten stieß und aufschluchzend aus dem Raum stob.

Claudia hob die Hände.

«Jetzt hab ich wohl was Falsches gesagt.» Rolf sprach wieder leiser.

«Du hast uns jedenfalls gezeigt, von wie starken Schuldgefühlen junge Eltern heute geplagt werden, wenn sie die Hand gegen ihre

Kinder erhoben haben», sagte Theo. «Ich habe diese Schuldgefühle kommen sehen, seit ein Tabu um die Haue errichtet wurde. Ich weiß nicht, ob das nun ein Fortschritt ist.»

«Unterm Strich ist es einer», sagte Claudia mit Entschiedenheit. «Lieber ein Tabu mehr und dafür ein paar geschlagene Kinder weniger. Wir müssen abwägen: die Legitimationen der alten Prügel-Praxis waren verbrecherisch. Wenn sie nun heute fallen und wir dafür ein Tabu und mit Schuldgefühlen kämpfende, dafür aber selten klapsende Eltern eingehandelt haben – dieser ‹Handel› hat sich ohnehin nur innerhalb der Mittelschicht vollzogen – so *ist* das ein Fortschritt. Das bedeutet nicht, daß wir das Tabu und die Schuldgefühle leichtnehmen. Wir müssen darüber reden. Ich habe ...» Claudia öffnete ihre Handtasche und entnahm ihr ein zerlesenes Buch mit buntem Deckel, «dieses Thema kommen sehen und deshalb etwas mitgebracht.» Nachdem sie lächelnd das Buch auf den Tisch gelegt hatte, stand sie auf und ging hinaus. Das Tablett mit Tassen und Tellern nahm sie mit.

Wir zurückgebliebenen drei reckten die Hälse, um uns das Buch anzusehen. Es war der alte ‹Pinocchio› von Carlo Collodi.

«Was soll denn das?» murmelte Rolf. Theo aber blätterte angeregt in dem Buch, die eine oder andere Illustration mit einem Lächeln begrüßend.

«Kennt ihr dieses Buch auch?» fragte er.

«Soweit ich mich erinnere, ist es voll von erhobenem Zeigefinger», sagte Rolf zögernd.

Da kamen Claudia und Betty zurück. Betty blieb am Stuhl ihres Vaters stehen. Der nahm ihre Hand und legte sie an seine Wange.

«Haben Sie einen kleinen kräftigenden Schluck im Haus?» fragte Claudia.

«Mit Sherry kann ich dienen.» Rolf stand gleich auf und holte Flasche und Gläser. Claudia schenkte zuerst Betty ein, nahm dann ihr Buch und zeigte Betty den Titel.

«Ich hörte eben das Wort ‹Zeigefinger›», sagte sie. «Jaja, da gibt's eine Menge Mahnungen im ‹Pinocchio›: ‹So geht's den Kindern, die nicht auf ihre Eltern hören wollen ...› usw. Aber jede einzelne Zeigefinger-Passage läßt sich mit einem Augenzwinkern vorlesen. Was Pinocchio erlebt, das ist, alles in allem, so phantastisch, daß der Zeigefinger nicht stört. Mir scheint, daß der ‹Pinocchio› so gut wie sonst kein Kinderbuch – außer vielleicht der

‹Struwwelpeter› – die Verzweiflung von Eltern an ihren Kindern ausdrückt. Nicht zufällig ist Pinocchio aus Holz. Er ist eine Inkarnation des kindlichen Dickschädels – und so der geborene Elternschreck. Aber eben auch ausgestattet mit dem ganzen Reiz und Talent eines Dickschädels. Bevor ich –» Claudia suchte eine Stelle am Anfang des Buches – «Sie bitten möchte, mit mir noch einmal über das Prügel-Problem zu reden, würde ich gern ein Stückchen vorlesen. Wenn Sie einverstanden sind . . .?»

Wir murmelten zustimmend; Claudia kramte ihre Brille aus der Tasche hervor, setzte sie auf und erklärte: «Noch ist Pinocchio nur ein Holzscheit in der Werkstatt des Tischlers, aber sprechen kann er schon. Als der Holzschnitzer Gepetto zur Tür hereinkommt, ruft Pinocchio: ‹Maispudding› – ein Spitzname für Gepetto, über den sich der Alte immer furchtbar ärgert.»

Dann begann Claudia zu lesen.

«Als Gepetto hörte, daß man ihn Maispudding nannte, wurde er vor Zorn rot wie eine Paprikaschote, wandte sich gegen den Tischler und sagte wütend:

‹Warum beleidigst du mich?›

‹Wer beleidigt dich?›

‹Du hast mich Maispudding genannt! . . .›

‹Das war ich nicht.›

‹Sieh einmal an, dann soll ich es wohl gewesen sein? Ich sage, du warst es!›

‹Nein!›

‹Doch!›

‹Nein!›

‹Doch!›

Sie erhitzten sich immer mehr, kamen von Worten zu Taten, packten sich bei den Haaren, kratzten, bissen sich und richteten sich übel zu. Am Ende der Schlacht hielt Meister Antonio Gepettos gelbe Perücke in Händen, und Gepetto merkte, daß er die graumelierte Perücke des Tischlers im Mund hatte.

‹Gib mir meine Perücke wieder!› rief Meister Antonio.

‹Und gib du mir die meine zurück und laß uns wieder Frieden schließen.›

Nachdem jeder von ihnen seine Perücke wiederhatte, gaben sich die beiden alten Leutchen die Hand und schworen sich, gute Freunde für das ganze Leben zu bleiben.»

Claudia klappte das Buch zu. «Das war eine Prügelei – zwischen zwei Erwachsenen. Die Szene ist ganz kurz, aber eines wird klar: die beiden Männer haben ein fast kindliches, ich möchte sagen: naives Verhältnis zur Prügel. Daß sie einander geschlagen haben, tut ihrer Freundschaft keinen Abbruch. Unter Kindern mag es ähnlich zugehen; zwischen Erwachsenen und Kindern gibt es – vielleicht, vielleicht – *wenn* die Erwachsenen solcherart naive Raufbolde sind wie diese beiden italienischen Handwerker aus dem 19. Jahrhundert, auch Schläge, die der beiderseitigen Freundschaft keinen Abbruch tun. Aber, um das gleich anschließend zu sagen», Claudia sah Rolf an, «soweit ich sehe, gibt es heute, unter uns Stadtmenschen, unter uns Deutschen, diese Collodische Naivität nicht – ich wage nicht zu sagen: ‹nicht mehr›. Das bedeutet, daß wir an unserem Tabu *festhalten* müssen. Es ist gewissermaßen der Preis für unsere verlorene oder nie gewonnene Naivität. Wenn wir aber doch mal ‹tätlich› geworden sind, wie Betty es ausgedrückt hat, dann dürfen wir – zu unserer Entlastung von Schuldgefühlen, die ja weder uns noch den Kindern guttun – ruhig hoffen, daß unsere Schläge, aller verlorenen Naivität zum Trotz, vielleicht doch von der Art waren, daß sie der Freundschaft keinen Abbruch taten. Es versteht sich, daß ich hier nur ‹spontane› Schläge oder Klapse meine. ‹Inszenierte›, das heißt vorher angekündigte und rituell verabreichte Prügel, also Prügel, die nicht vom Affekt begleitet sind, sind unbedingt von Übel.»

Claudia wandte sich wieder an meinen Mann: «Sie haben recht, Rolf, dieses ‹Handausrutschen› muß zu oft herhalten, um Züchtigungen zu rechtfertigen. Es gibt indessen elterliche Reaktionen auf ‹Bockigkeit›, die ohne körperliche Berührung vonstatten gehen und doch der Freundschaft zwischen Eltern und Kindern stärker Abbruch tun können als ein Schlag, zum Beispiel endloses Nachtragen. – Denken Sie an Ihre eigene Kindheit, was war denn das schlimmste? Nach dem, was Betty mir von ihrer Großmutter erzählt hat, hat sie als kleines Kind eine autoritäre und auch zuschlagende Betreuerin gekannt, die gleichwohl liebevoll war.»

«Ach ja», sagte Theo mit einem Auflachen, «meine Schwiegermutter war eine eindrucksvolle Persönlichkeit. Als Matriarchin durchaus eine Gestalt des vorigen Jahrhunderts. Sie hätte in Collodis Italien gepaßt.»

«Wir Kinder liebten sie», sagte Betty, «auch wenn sie sich mit

Ohrfeigen Respekt verschaffte. Sie respektierte nämlich auch uns. Sie hörte uns immer an und interessierte sich für unsere Meinung. Mit ihren Schlägen verteidigte sie eine Tabu-Zone, die ihrer Person und ihrer Arbeit galt. Wer zum Beispiel von uns Enkeln Küchengeräte entwendete oder in ihr Schlafzimmer einbrach, zog sich ihren Zorn zu. Dann fackelte sie nicht lange, trug aber niemals etwas nach. Ich –» Betty schenkte sich noch einen ein – «ich wollte gern immer so werden wie sie, gerade im Umgang mit Kindern. Ich wollte aber nicht schlagen. Jetzt denke ich, daß –» sie prostete mir zu – «das ‹Werfen mit weichen Gegenständen› vielleicht das vermißte Ventil für mich sein könnte.»

Sich ent-schuldigen, das Kind be-lasten?

Während Claudia langsam zustimmend den Kopf neigte, zündete sich Rolf eine Zigarette an und sagte: «Ich finde diese Geschichten von der Großmutter ein bißchen nostalgisch. Gut, gut, ich weiß, niemand behauptet, es gäbe solche Gestalten noch oder wir könnten uns umstandslos mit ihnen identifizieren. Aber was bringt es uns dann, wenn wir sie heraufbeschwören?»

«Sie gehören zu unserer Geschichte», sagte Theo, seine Pfeife stopfend. «Und diese Geschichte hat uns, als Individuen, mitgeschaffen. In Betty zum Beispiel ist die Geschichte lebendig als Erinnerung an eine Großmutter. Solche Erinnerungen können – als ein Motiv unter anderen – in unser heutiges Handeln eingehen.»

«Und wie ist das mit Leuten, die ihre Großeltern gar nicht gekannt haben?» entgegnete Rolf.

Während Betty aufseufzte und nach harten Worten zu suchen schien, intervenierte Claudia: «Soweit ich gehört habe, Rolf, wünschen Sie sich viele Kinder. Ich habe gar nichts dagegen einzuwenden, sehe aber auch, daß so ein Wunsch etwas, entschuldigen Sie, kaum noch Zeitgemäßes, ein Phänomen aus vergangenen Epochen ist. Oder?»

Während Rolf endlich einmal etwas verlegen den Kopf zur Seite drehte und Käsekuchenkrümel mit dem Finger aufpickte, antwortete ich: «Mein Mann stammt aus einer Pfarrer-Familie. Er fand das Familienleben mit sechs Geschwistern so schön.»

«Nichts gegen Ihre Eltern – aber auch Kindersegen aus Religiosität ist ein Stück Geschichte ...» sagte Claudia.

«... die in heutiges Handeln eingeht», setzte Onkel Theo leise, weil ihm sein Rechthaben-Müssen selbst nicht ganz gefiel, hinzu.

«Ich wehre mich dagegen, die Geschichte oder was auch immer nach Legitimationen für Prügel abzusuchen», sagte Rolf mit gerunzelten Brauen.

«Nun wollen wir noch mal versuchen, klarer als klar zu sein.» Claudia packte ihre Brille und den ‹Pinocchio› wieder ein. «Prügel sind nicht zu legitimieren. Ich für meine Person bleibe beim Tabu. Nur: was die Schuldgefühle derer betrifft, die das Tabu nicht durchhalten können, mag die Vorstellung von Schlägen, die die Freundschaft nicht zerstören, hilfreich sein.»

Betty hatte ihren Block hergenommen. «Das schreibe ich wörtlich so auf», sagte sie, bevor Claudia ihre Überlegungen fortsetzte.

«Schuldgefühle führen ja manchmal dazu, daß Erwachsene Kinder um Verzeihung bitten, wenn sie ihnen zum Beispiel eins auf den Hintern gegeben haben. Vor einiger Zeit erzählte mir Betty, sie habe das manchmal getan und sie sei unsicher, ob das richtig gewesen sei. Mir scheint auch, daß es in manchen Fällen besser ist, zu dem zu *stehen*, was man getan hat oder was mit einem geschehen ist und hinterher nicht mehr über die Sache zu reden, als vom Kind zu erwarten, daß es einen durch eine verzeihende Geste entlastet.

Bei größeren Kindern sieht das schon wieder anders aus. Aber Kinder im Trotz-Alter sind ja noch sehr klein. Ihr Schutzbedürfnis ist noch zu groß, als daß sie die Eltern nach hitzigen Situationen gelassen in der Position der Schwäche sehen könnten. Es mag in diesem Punkt verschiedene vertretbare Meinungen geben. Sicher spricht auch was *dafür*, den Kindern die Wahrheit zu sagen und ihnen mitzuteilen, daß es einem leid tut. In jedem Fall müssen wir wissen, daß – durch eine Bitte um Entschuldigung – wir Erwachsenen unser Schuldgefühl loszuwerden trachten, wir also etwas *für uns* wollen und es sehr unsicher ist, ob die Entschuldigung auch dem Kind hilft.»

Betty machte sich eine Notiz. Dann las sie vor: «*Schuldgefühle* müssen bearbeitet werden. Es ist zweifelhaft, ob die Kinder das können, indem sie Verzeihung gewähren. Besser: Auseinandersetzung unter Erwachsenen.» Sie sah Rolf an. «Aber bitte möglichst ohne ein Übermaß an Selbstgerechtigkeit.» Ihre Stimme zitterte ein wenig, aber sie lächelte.

Rolf sagte nichts.

Da fiel mir etwas ein: «Wie ist es eigentlich mit der Ablenkung? Sie ist ein Trick, aber in Trotz-Situationen doch wohl angebracht?»

«Oh, unbedingt», meinte Theo, «wenn Aussicht auf Erfolg besteht ... Betty war manchmal so entsetzlich bockig, daß der Nikolaus persönlich mit seinem Schlitten ins Wohnzimmer hätte einreisen können, ohne sie zu erweichen.»

«Aber Jesper kürzlich», sagte ich, «reagierte neugierig auf Claudias Papierschiffchen. Sicher spielten auch all die Gäste eine Rolle, die soziale Abwechslung also. Vor allem Milena ...»

«Apropos», Betty sah auf ihre Uhr, «bald wird Kurt mit den Kindern vom Zoo zurücksein. Wir sollten zusehen, daß wir alles, was zum Thema gehört, jetzt noch ansprechen. – Ich schreib mal auf: ‹Phantasievolle *Ablenkung* ist erwünscht.› Sonst noch wichtige Punkte zum neuen Umgang mit dem Trotz?»

Noch mal: Konsequenz und Kompromisse

«Etwas Neues ist es sicherlich, wenn *Konsequenz* nichts mehr zu bedeuten hat. Meine Tochter sagte mir, selbst Sie, als Pädagogin, hielten nicht mehr so viel davon?» Theo blickte Claudia an.

«In gewissen Dingen gibt es natürlich keine Kompromisse», antwortete Claudia, «zum Beispiel: Auf-die-Straße-Laufen oder Experimente mit Medizin oder ähnliches. Auch sonst ist es für die Kinder besser, wenn die Grenzen, die ihrem Tatendrang gezogen werden, *eindeutig* sind. Aber *in der Trotz-Situation* selbst sollten Eltern flexibel reagieren. Dem Kind zum Beispiel, wenn es wegen des Wickelns trotzt, keine neue Windel aufzwingen. Machen Sie sich immer klar: der Trotz ist keine Ablehnung der Eltern, sondern ein Ausdruck der Angst vor Selbständigkeit, also vor dem *Verlust* der allgegenwärtigen Pflege der Eltern. So paradox sich das anhört.»

«Wir besprachen schon letztlich das Konsequenz-Problem», sagte Betty. «Ich notiere hier kurz: ‹In der Trotz-Situation flexibel reagieren. Auf elterlichem Willen nicht unbedingt bestehen.›»

«Das hieße aber dann», Theo klopfte seine Pfeife aus, «daß die

Kinder tatsächlich die Tyrannei ausrufen *können*, wenn sie ... ich will jetzt nicht sagen: wenn sie wollen, denn ich sehe auch, daß ihr Wille nicht frei ist. Sagen wir also: ... wenn es sie überkommt.»

«Was hätten wir davon, wenn wir eine Gegen-Tyrannei ausriefen?» sagte Claudia. «In manchen Fällen ist es sicher nicht anders möglich. Bedenken Sie aber, daß das Verhalten der Eltern genug tyrannische Elemente aufweist, auch bei besten demokratischen Absichten. Letztlich sind es doch fast immer die Eltern, die bestimmen, wo es langgeht. Wenn ich sage, ich bin für Demokratie in der Familie, so will ich damit nicht die Abhängigkeitsverhältnisse wegreden, die ja existieren, als wechselseitige übrigens und als ziemlich komplizierte. ‹Demokratie› ist in der Familie (und sicher auch sonst) nur als Annäherung an sie selbst möglich. Man kann sich sozusagen auf sie hin orientieren. Wir Erwachsene können das, indem wir uns ab und an fragen: geht es denn nicht auch so, wie die Kinder wollen? Warum ist es unbedingt *nötig*, das Kind *jetzt* zu wickeln, ins Bett zu bringen usw. Warum nicht später? Warum nicht heute mal gar nicht? Probieren Sie's wenigstens mal aus. Sagen Sie nicht zu oft von vornherein: Es geht nicht. Die Bereitschaft zur Erprobung macht doch die Demokratie mit aus.»

«Mir geht noch was durch den Kopf», nahm Betty wieder das Wort, «Demokratie – auf das Zusammenleben mit Kindern bezogen ist diese Form sozialer Regulierung so mager, nur so begrenzt praktikabel, weil sie ganz und gar abhängt von Vernunft und Einsicht. Kinder sind aber keine Vernunftwesen – in unserem Sinn. Sie rufen die Tyrannei aus und fragen den Teufel nach Ursachen und Folgen. Wie armselig komme ich mir oft vor, wenn ich Millie ‹gut zurede› und dabei merke: sie hört gar nicht hin.»

«Sie haben recht», sagte Claudia. Dann seufzte sie. «Die ‹Demokratie› – wenn wir ein auf gleichen Rechten, Diskussion und Einsicht basierendes Reglement so nennen wollen – scheint für Kinder schwerlich geeignet. Ist sie doch durch und durch *rational*; Rationalität, deren Existenz und die Unbegrenztheit ihrer Reichweite – das ist *die* Voraussetzung, auf der sie aufbaut. Nun – dann *sind* wir halt armselig dran. Denn sie, die Demokratie, ist trotz allem das Beste, was wir haben. Deshalb dürfen wir sie auch unseren Kindern nicht vorenthalten.»

Rolf lächelte zufrieden. Und Theo wiegte den Kopf. «Wie wär's mit aufgeklärter elterlicher Tyrannei, als Kompromiß?» fragte er.

«Nichts zu machen», erwiderte Claudia. «Wir *sind* im 20. Jahrhundert.»

Trösten – auch ohne verstanden zu haben

Es entstand eine Pause. Betty steckte Block und Bleistift ein.

«Ich glaube, ich höre die Kinder im Treppenhaus», sagte sie.

Claudia stand auf. Dann wandte sie sich mir zu: «Betty erzählte mir, daß Sie sich so Ihre Gedanken darüber gemacht hätten, wie abhängig Sie davon seien, zu *verstehen*, wenn Sie *helfen* wollen. Ergänzen Sie doch den Rationalismus in Ihnen nach der Seite hin: helfen und trösten Sie auch, *ohne* verstanden zu haben. Die Fähigkeit *der Kinder*, zu verstehen und das heißt auch: Angst zu überwinden, wächst dann um so rascher.»

Kapitel 6

Ein kleiner Leitfaden:
Erläuterungen, Ratschläge, Tips

Nun war es Sommer geworden. Ich setzte meinem Sohn einen blauen Südwester auf und nahm ihn bei der Hand. Alle Kinder, Hunde und Großmütter der Umgebung schienen auf den Beinen zu sein. Ich brauchte mich an Jespers Tempo nicht anzupassen, denn ich ging jetzt ungern viel schneller als er. «Millie besuchen?» vergewisserte sich Jesper. «Ja», antwortete ich. «Betty und Millie warten auf uns. Weißt du, Betty hat mich angerufen und mich gebeten, hinzukommen...»

Gemeinsam mit der Kindergärtnerin Claudia hatte meine Cousine einen ‹Kleinen Leitfaden zum Umgang mit dem Trotz› verfaßt. Er war für die Eltern der Kindergartenkinder bestimmt. Viele dieser Mütter und Väter hatten entweder bei ihren Drei- bis Vierjährigen noch mit heftiger Auflehnung zu kämpfen – oder sie hatten jüngere Kinder, die eben erst in das ‹heiße› Alter hineingewachsen waren. «Auf jeden Fall», hatte Claudia gesagt, «besteht bei den Eltern ein Bedürfnis nach persönlichen, auf Erfahrungen beruhenden Äußerungen, Erläuterungen und Ratschlägen zu diesem Thema.»

Nun sollte ich mir den Leitfaden ansehen und Kritik oder Zustimmung vorbringen. «Wir haben alles aus unseren Gesprächsnotizen entwickelt», hatte Claudia gesagt. «Du wirst vieles wiedererkennen!»

Millie öffnete die Tür. Eine Weile schien sie zu zögern, ob sie uns einlassen wollte. Aber dann trat sie beiseite und sagte: «Darf ich den Hut auch mal aufsetzen, Jesper?» Betty kam den Flur entlang, ein Bündel Wäsche im Arm. «Ihr seid's! Herein, herein.» Sie machte Licht und begutachtete meine Gestalt. «Oh, Marion, man sieht es schon! Möchtest du etwas trinken?» Ich dankte und sagte: «Alles was ich möchte, ist der ‹Kleine Leitfaden›.» Während Jesper und Milena in Richtung Kinderzimmer davontobten, führte mich Betty ins Wohnzimmer, komplimentierte mich in einen Sessel, warf den Wäschepack aufs Sofa und begann, in ihren Regalen zu suchen.

«Ich hoffe so sehr, daß dich das Produkt unseres Fleißes überzeugt», sagte sie. «Claudia und ich haben drei Nachmittage dran gesessen. Ach, hier ist es. Weißt du», sie nahm mir gegenüber Platz, ihr kleines Manuskript liebevoll betrachtend, «obwohl ich selbst nicht immer so handeln kann, wie ich es für gut befinde und hier empfehle, und obwohl ich manchmal sogar zweifle, ob das alles praktikabel ist, was wir uns so überlegt haben, muß ich doch sagen: es hat mir geholfen, die Gedankenwege zu durchwandern, zu denen wir zwei uns im Frühjahr aufgemacht haben. Auch um die Irrwege tut es mir nicht leid. Auch nicht um die – wie soll ich sagen – Unzulänglichkeit oder Skizzenhaftigkeit unserer Ergebnisse. Geholfen hat es mir, den *Versuch* zu machen; die detektivische Arbeit selbst war fruchtbar, auch wenn sie vielleicht das Geheimnis nicht ganz gelüftet hat. Nützlich war es allein schon, über diese Zone im Zusammenleben mit Millie, die mir unheimlich war und in der ich mich fast unerträglich belastet fühlte, zu *reden*, zu spekulieren, mich auszutauschen. – Findest du es übertrieben, wenn ich dir danke?»

«Ein bißchen schon», sagte ich, leicht verlegen, «denn ich habe ja doch auch gelernt aus unseren Gesprächen.»

Betty fuhr sich durchs Haar. Ich fand, daß sie gut aussah. «Ob es nun daran liegt, daß ich nach unseren gemeinsamen Beratungen lässiger mit Milena umgehen kann», sagte sie, «oder ob einfach die Zeit für mich gearbeitet hat – es geht jetzt leichter. Das Schlimmste scheint vorüber zu sein. Milena wird ja nun bald drei. Sie geht mit Begeisterung in den Kindergarten, sie ist die Windeln endgültig los, sie kann sich alleine ausziehen, sie holt sich selbst Kekse oder Saft, wenn sie Appetit hat. Sie genießt ihre Selbständigkeit, Essen-Prusten – das gibt es nicht mehr. Theo nennt sie wieder ‹Miss Grübchen›, und Max von gegenüber grinst, wenn er sie nur von weitem sieht. Sie und ich – wir geraten zwar dann und wann ganz schön aneinander, aber diese unheimliche Explosivkraft und dieser ‹Aus-heiterem-Himmel›-Effekt sind nicht mehr da. Als hätten unsere Gespräche, als hätte die Zeit, als hätte Milenas Entwicklung einen Bann gebrochen.

Ich mache mir nichts vor, ich weiß, der sogenannte Trotz kommt immer wieder, denn das Groß-Werden geht ja weiter, es gibt immer wieder Anlässe, zu sagen: Nein, nein, ich will nicht! Neugewonnene Gleichgewichte und Harmonien werden schließlich wieder zerstört, der Konflikt zwischen Wollen und Können, zwischen dem Wunsch nach Unabhängigkeit und der Sehnsucht nach Geborgenheit stellt sich immer wieder neu her, solange die Kinder wachsen. Claudia erzählte mir, daß ihre Große, die jetzt dreizehn ist, am Beginn einer ernsten Krise steht: sie will von ihren Eltern nichts mehr wissen, sie lehnt sich gegen ihre Lehrer auf, sie wirft mit Sachen, stampft mit Füßen . . .» Betty lachte. «In einem gewissen Sinn hört es ja nie auf. Nur daß wir Erwachsenen, die wir es gewohnt sind, in einer Atmosphäre verdünnter Gefühle zu leben, unseren Zorn irgendwie kanalisieren. Aber auch das gelingt nicht immer. Neulich hatte ich einen Disput mit meinem Vater –» Sie hob die Brauen und sah mich an, als traute sie sich nicht, fortzufahren.

«Ihr wurdet laut?» fragte ich, um die etwas unbehagliche Pause zu beenden. Betty griente.

«Es fehlte nicht viel und ich hätte mit weichen Gegenständen geworfen. Aber Spaß beiseite: die Kleinkinderwut hat schon ihr Besonderes. Nie wieder ja sind Menschen zugleich so hilflos *und* so lernfähig, so überwältigt von ihren Schwächen *und* ihren Fortschritten. – Wie geht es denn eigentlich jetzt mit Jesper?»

Ich erklärte, daß ich doch ganz gern etwas tränke. Betty holte Saft und Eiswürfel, ich ging hinterher und sprach, einigermaßen entlastet, da ich Betty nicht anzusehen brauchte: «Es ist schwierig mit ihm. Wenn er etwas nicht will und es aber doch sein muß, gibt es fast immer Geschrei und Tränen. Manchmal auf beiden Seiten. Ich fühle mich aber nicht mehr ganz verlassen in solchen Situationen, denn die Erinnerung an unsere gemeinsamen Gespräche stützt mich, inspiriert mich auch, so daß ich immer wieder auf Auswege, auf Lösungen komme. Dennoch –» wir waren in's Wohnzimmer zurückgekommen, ich sank in Bettys dicksten Sessel – «wünschte ich, es gäbe für kleine Kinder einen weniger dornigen Weg, aus dem Baby-Alter herauszuwachsen.»

Betty strich mir übers Haar, über die Schulter und schließlich, nach einem geflüsterten «Darf ich?» über den Bauch. «Es heißt, daß es leichter geht, wenn zwei da sind.»

«Dein Wort in Gottes Ohr», sagte ich.

«Ich gehe jetzt und setz die Waschmaschine in Gang», Betty nahm ihr Bündel und ging zur Tür. «Dann kümmere ich mich um die Gören. Hoffentlich lassen mir die beiden ein bißchen Luft zum Lesen. Ich muß mich nämlich auf eine Klausur vorbereiten. – Mach du es dir gemütlich und schau dir unseren Leitfaden an, ja?» Sie ging hinaus. Ich legte die Füße hoch und begann zu lesen.

‹Kleiner Leitfaden zum Umgang mit dem Trotz›

Zwischen anderthalb und drei Jahren kommen die meisten Klein-kinder ins sogenannte ‹Trotz›-*Alter*. Sie wollen nicht mehr, wie sie sollen, geraten aus oft geringfügigen Anlässen in flammenden Zorn, schreien, werfen sich zu Boden, schlagen um sich oder bre-chen gar, jeden Annäherungsversuch tätlich abwehrend, den Kon-takt zu ihrer Umwelt ab. Sie erleiden regelrechte Trotz-‹Anfälle›.

Der Trotz kann sich verschieden äußern. Manche Kinder sind angriffslustig, treten und boxen, andere wieder verkriechen sich in sich selbst, nicht ohne allerdings Schlichtungsversuche der Er-wachsenen aggressiv abzuwehren. Manche trotzen stumm, mit sprühenden Augen, andere schluchzen in heller Verzweiflung.

Wie auch immer sich der Trotz in Einzelfällen äußern mag (es gibt, als Ausnahmen, auch Kinder, die wenig oder gar nicht trot-zen) – man kann wohl sagen, daß die Trotz-Zeit eine *Krise* in der Entwicklung darstellt, die die Kinder hart ankommt.

Das populärwissenschaftliche Vorurteil neigt zum Abwiegeln: Es sei letzten Endes alles halb so wild, die Kinder müßten nun mal ‹da durch› – die Eltern sollten diese Zeit und ihre Konflikte nicht überbewerten. Ganz ähnlich hat man lange Zeit die Geburt als Erlebnis *für das Kind* nicht ernst nehmen wollen: das Kind sei vor, während und nach der Entbindung noch gar nicht richtig da, man brauche sich nicht so viele Gedanken darüber zu machen, wie es sein Auf-die-Welt-Kommen erlebe.

Heute wissen wir, daß das falsch war.

Und wir ahnen nun auch, daß die Erregungen, die ein trotzendes Kind durchmacht, tief genug gehen, um Überlegungen, die diese Zeit erträglicher machen können, zu rechtfertigen. Daß auch die Eltern oft genug vom Kindertrotz geschockt werden und voller Hilflosigkeit und Angst neben ihrem trotzenden Kind stehen, wäre ein weiterer Grund, um über alte und neue Wege des Umgangs mit dem Trotz nachzudenken.

Zunächst: woher kommt der Trotz? Was ist es, das die Kleinkinderseele so wüsten Turbulenzen aussetzt?

Es heißt, daß sich im Kleinkindalter, das ja auch die Zeit des ‹Autonomiestrebens› genannt wird, der *Eigenwille* des Kindes ausbilde. Warum muß das Kind auf seinem Weg in die ‹Autonomie› solche dramatischen Szenen durchmachen?

Nun, die Baby-Zeit ist vorbei, aber die kindlichen Fähigkeiten zum Mit-der-Welt-selbst-Fertigwerden sind noch unreif. Ein Kleinkind kann schon laufen, aber es fällt noch oft hin. Es kann schon das meiste von dem, was geredet wird, verstehen, sich selbst mit Worten aber erst begrenzt verständlich machen. Seine Finger sind geschickt genug, um die halbe Welt auseinanderzunehmen, aber zum Zusammensetzen reicht es noch nicht. Seine Neugier ist unendlich, Erfahrung und Voraussicht sind eng begrenzt usw. Diese Disharmonie bestimmt ein Kleinkind zum Konflikt mit sich selbst. Sie erzeugt ein labiles seelisches Gleichgewicht, dessen Zusammenbruch oft genug in dramatischen, schubartigen Krisen seinen Ausdruck findet.

Anlässe für einen Trotzausbruch sind nicht immer zu finden. Oder aber sie stehen in groteskem Mißverhältnis zum Ausmaß des kindlichen Affekts. Das macht, daß kaum etwas so schwer fällt wie *Einfühlung in die Kinderwut.* Hänschen soll eine trockene Hose ankriegen – und wehrt sich dagegen, als ginge es um seine Haut.

Da Trost und Zuspruch, da die Überzeugungskraft der Eltern – ob sie nun auf ihrem eigenen Willen bestehen oder ihr Kind besänftigen, aus seiner hilflosen Wut erlösen wollen – davon abhängen, daß die Erwachsenen ihr Kind *verstehen*, hier ein ganz allgemeiner Hinweis: der Grund der Gründe, der hinter allen Anlässen verborgene Ursprung von Trotz, Wut und Aggression ist: *Angst.* Angst vor dem Verlust der Allgegenwart eines bergenden Schoßes, die dem Baby ja sicher war. *Loslösung* ist das Stichwort der Nach-Baby-Zeit, die Eltern wollen die Loslösung, die Kinder auch. Sie kostet die Eltern oft Sorge, die Kinder immer Angst. Da die Angst sehr tief sitzt und mit dem genauso tief sitzenden *Bedürfnis des Kindes, sich selbständig zu machen*, im Konflikt steht, äußert sie sich so explosiv und so aggressiv. Das Kind steckt in einer Klemme, die seine eigenen (gleich starken, aber einander ausschließenden) Bedürfnisse ihm schaffen und aus der nicht einmal seine sonst stets hilfreichen Eltern es erlösen können.

Denken Sie also, wenn Sie gar nichts mehr verstehen: das Kind, das scheinbar grundlos schreit und sich wehrt, hat Angst. Tun Sie, was Sie können, um die Angst zu lindern.

Was aber können Sie tun?

Der älteste, heute noch gern gegebene Ratschlag lautet: *Ruhe bewahren!* Ein billiger Ratschlag, weil das, was zu bewahren er empfiehlt, fast unerschwinglich ist. Daß wir Ruhe heute so selten finden, geschweige denn, daß wir sie ‹weg› hätten und bewahren könnten – dafür gibt es viele Gründe.

Falls Sie Ruhe haben und geben können, seien Sie froh.

Sie sollten zwar auch dann nicht immer wie Buddha persönlich neben ihrem wütenden Kind sitzen, aber Sie sind, im großen und ganzen, doch in einer glücklichen Lage, Sie werden mit Ihrem trotzenden Kind weniger Mühe haben als andere Eltern.

Falls Sie aber zu jener Mehrheit von Eltern zählen, die schon bei geringfügigeren Anlässen als einem kindlichen Zornesausbruch eine Ruhe verlieren, die Sie eh nicht hatten: dann verzweifeln Sie nicht.

Eine ‹unruhige› Reaktion der Eltern auf ein trotzendes Kind ist nämlich keineswegs schon deshalb falsch, *weil* sie ‹unruhig› ist. Wir haben die Erfahrung gemacht, daß zornentbrannten Kindern mit überlegener Ruhe (ob es sich da nun um eine ‹echte› oder um eine erzwungene Ruhe handelt) keineswegs *immer* am besten geholfen ist.

Viele Kinder werfen, indem sie ‹trotzen›, ihren Erwachsenen einen Fehdehandschuh hin und wollen dann auch, daß der Handschuh aufgenommen werde. Auch wenn Ihnen eine (echte) Ruhe-Reaktion zur Verfügung steht, sollten Sie überlegen, ob diese Reaktion stets die richtige Antwort auf einen kindlichen Wutanfall ist.

Wie aber könnte eine ‹unruhige› elterliche Reaktion aussehen? Zunächst: echte Eltern-Wut ist für das Kind bedrohlich, steigert die Angst und verschärft unter Umständen den Trotz. Wenn Sie also Ungeduld oder gar eigene heftigere Aggression in sich selbst hochsteigen fühlen, steuern Sie rechtzeitig gegen: Sich-selbst-zur-Ruhe-Zwingen ist allerdings ungünstig, denn das Kind (und Sie) fühlen den Zwang, nicht die Ruhe (die ja dann nur drückende Lautlosigkeit wäre).

Besser ist eine ‹unruhige Reaktion›, die wir ‹*Werfen mit weichen Gegenständen*› genannt haben: schleudern Sie Windeln oder Sokken durch die Gegend, schreiten Sie auf und ab, trommeln Sie mit Fäusten gegen die Wand, werden Sie laut. Das heißt, reagieren Sie in der Trotz-Situation ruhig auch einmal heftig, *aber* stets so, daß Sie die Schwäche Ihres kleinen ‹Gegners› respektieren.

Wenn Sie, bevor Ihr eigener Zorn mit Ihnen durchginge, in gesteuerter, quasi gespielter, aber doch nicht unechter Weise ‹zurücktrotzen›, so kann sich das Kind durchaus verstanden fühlen, es kann überrascht und abgelenkt werden, es kann sich auf ein kleines Handgemenge mit Ihnen einlassen, mit Ihnen boxen und sich so als ‹Gegner› ernst genommen wissen. Ernst genommen, aber eben nicht ernst ‹bekämpft›. Jede Art von Berührung, von Kommunikation (die auch in einem Gerangel bestehen kann), ist ein Schritt heraus aus dem Wutanfall, aus dem Trotz-Krampf.

Es versteht sich, daß Sie sich von Ihrer kontrollierten, inszenierten ‹Wut› niemals in echte Aggression hineinreißen lassen dürften. Falls die Gefahr besteht, daß Sie, wenn Sie erst mal angefangen haben zu werfen, doch nach einem harten Gegenstand greifen, dann verzichten Sie lieber auf diesen Weg. Erzwungene Ruhe oder einfaches Hinausgehen (das Kind ins Leere trotzen lassen) wären dann, obwohl sie eigentlich keine Lösung sind, noch eher angängig.

Was not tut in Trotzsituationen ist *Phantasie* der Erwachsenen, Trostphantasie, Ablenkungsphantasie, situationsbezogener Erfindungsgeist und gerade diese produktiven Quellen werden durch unsere eigene Betroffenheit, durch Bestürzung und Ärger zu oft getrübt. Alle Arten von *Ablenkung* sind jetzt erwünscht – wenn schon nicht eine Taube mit einem Zweig im Schnabel auf den Außensims Ihres Kinderzimmers hüpft, so können Sie vielleicht die Goldfischfütterung vorverlegen oder die Zurüstungen für Omas Geburtstag.

Ein Tip: Halten Sie ein paar Sensatiönchen im Wandschrank parat: bengalische Zündhölzer, einen neuen Eischneequirl, der vorzuführen wäre, den Teppichschaum, den Nagellack. Keine Spielsachen – ein Trotzanfall ist ja kein Fest. Aber es kommt eben vor, daß sich die Kinder so heillos im Trotz verstricken und die Eltern so hilflos mit blockierter Phantasie danebenstehen, daß der Rückgriff auf irgendeine (bereitgelegte) kleine spannende Abwechslung erlösend wirkt.

In den Zusammenhang mit der Abwechslung gehört das Stichwort: *soziale Vielfalt*. Insbesondere Einzelkinder brauchen Freunde und Besuch: die Eltern auch, gerade während der Trotz-Zeit ihrer Kinder. Oft kommt, wie zufällig, die Nachbarin auf das Zauberwort, das den Bann bricht, oder es genügt, daß der Postbote klingelt, und das Kind ist wieder bei sich. Eine Lösung für schlimme Trotzverwicklungen kann sein, daß Sie telefonisch einen Besuch herbeibitten, der dann jenen Windstoß von Normalität hereinläßt, welcher den festgefressenen Affekt quasi durchlüftet und schließlich vertreibt.

Es kommt auch vor, daß Kinder zur Rückkehr aus der Wut mit einem Erwachsenen ganz allein sein wollen (müssen). Auch in solchen Fällen wehrt sich das Kind oft gegen jede Ansprache. Reden Sie aber trotzdem – oder singen Sie, egal was. Machen Sie zur Not auch Krach – aber bekunden Sie, daß Sie da sind, daß Sie ‹am anderen Ufer› bereitstehen.

Der zweite Ratschlag aus Großmutters Kiste zum Umgang mit Trotz heißt: *Konsequenz*. Auch den müssen wir genauer ansehen. Konsequenz ist *in* der Trotz-Situation häufig gerade falsch. So wichtig es bleibt, daß ein Kleinkind Tag für Tag eine *stabile*, nach durchschaubaren und deshalb auch nicht allzu oft wechselnden Regeln sich herstellende Umwelt erlebt, daß es also *lernen* kann, wo oben und unten ist, wo es seine Neugier grenzenlos befriedigen kann und wo nicht, so problematisch scheint es uns, wenn Eltern gerade gegenüber einem trotzenden Kind auf *ihrem* Willen bestehen. Auch Nachgeben-Können und Eingeständnis von Fehlern oder Voreiligkeit gehören zu den Erfahrungen, die Kinder mit ihren Eltern machen sollten.

Da Trotz-Dramen fast immer sich an Alltags-Verrichtungen anlagern, die – im weitesten Sinn – mit der Pflege des Kindes zu tun haben, fühlen insbesondere Mütter sich oft aufs äußerste provoziert. Evchen will plötzlich nichts essen, will nicht ins Bett, will nicht aufs Klo. All dies tat sie doch an Hand der Mutter bis jetzt so gern. Die Mutter fühlt sich als zärtliche Pflegerin zurückgewiesen – und reagiert gekränkt: wirst du jetzt wohl essen! schlafen! mit mir gehen!

Häufig ist ‹Konsequenz› nichts anderes als ein Ausdruck dieses Gekränktseins. Auf die scheinbare kindliche Ablehnung reagiert die Mutter mit einem: ‹Nun gerade!› Wir sagen: ‹scheinbare Ablehnung›, denn, wie wir oben gezeigt haben, ist es nicht Mangel an Hingabe, die das Kind so widerspenstig macht, sondern der *Konflikt* zwischen dem Bedürfnis nach Hingabe und dem ebenso starken Bedürfnis, ‹es› (was es nun gerade sei) selbst zu tun.

Wenn wir dies bedenken, fällt es uns vielleicht leichter, das Essen auch mal wieder abzuräumen, den Gang aufs Klo zu vergessen. Den Wutanfall kürzen wir damit wahrscheinlich nicht einmal ab, aber wir entdramatisieren ihn. Denn wenn wir gegen ein heftig trotzendes Kind auf unserem Willen bestehen (es also *zwingen*, zu essen, zu Bett zu gehen, es trotz Gegenwehr anziehen usw.) geht es kaum ohne körperliche Gewalt ab. Es kommen genug Situationen vor, in denen die Eltern gar keine Wahl haben (sie müssen z. B. mit dem Kind vor Ladenschluß noch was besorgen, es deshalb also anziehen usw.); besteht aber keine *äußere* Notwendigkeit, sollten Sie Ihre Vorhaben mit dem Kind ruhig zurückstellen (d. h. ‹inkonsequent› sein). Durch ein rigides Konsequenz-Gebot werden viele Trotz-Szenen unnötig verschärft.

Mit der ‹körperlichen Gewalt› haben wir unseren letzten Gesichtspunkt angesprochen: trotzende Kinder üben diese Gewalt selbst aus, sie treten, werfen, schlagen (manchmal sich selbst). Es kommt vor, daß Eltern reflexartig *zurückschlagen*, besonders dann, wenn sie völlig hilflos sind, wenn sie überhaupt keinen Weg mehr sehen, sich mit ihrem Kind zu verständigen. Wir setzen voraus, daß solche Schläge nicht als ‹Strafe› gedacht sind, also in die Diskussion um die Prügelstrafe – die wir als beendet ansehen: die Prügelstrafe hat keinen Platz im Umgang mit Kindern – nicht hineingehören.

Eltern, die aus Wut zuschlagen, ängstigen ihre Kinder und tun etwas dafür, daß sich die Wahrscheinlichkeit von Trotzausbrüchen erhöht. Deshalb, aber auch aus Gründen der Anteilnahme, der Fairness, der ‹Menschlichkeit› – ein Kleinkind ist ja wirklich sehr klein – sollten Sie die Hand gegen Ihr zornentbranntes Kind wirklich nicht erheben.

Haben Sie es aber nun doch einmal getan, so quälen Sie sich nicht mit endlosen Gewissensbissen. In der Hitze des Trotz-Gefechts schütteln Kinder Schläge auch mal einfach ab; und Schläge (selbstverständlich ist, daß Sie Ihrem Kind nicht schlimm weh tun oder es gar verletzen) sind immerhin, wenn auch negative, Beweise von Interesse. Weher tun manchmal Verlassenwerden oder Bestrafung durch Nicht-Beachtung.

Jetzt, am Schluß, wollen wir Ihnen eingestehen, daß wir über das Schlüsselwort unserer Gespräche und Erkenntnisse, über den ‹Trotz›, mehrmals gestolpert sind. Wir finden nicht, daß dieses Wort den Äußerungsformen und Hintergründen des großen psychischen Dramas der Kleinkinderzeit gerecht wird. Läßt es doch einseitig das Verhalten der Eltern als das ‹richtige› und das der Kinder als unbegründete und chancenlose Rebellion erscheinen.

Zwar ist es unbestreitbar, daß sich Gründe für die ‹Rebellion› manchmal nicht finden lassen und daß die Auflehnung der Kinder letztlich schon deshalb scheitern muß, weil sie, die Kinder, eben oft wirklich *nicht können*, was sie wollen. Dennoch wäre durch die Wahl der Worte ‹Wut› oder ‹Zorn› dem kindlichen Erleben besser Rechnung getragen. Diese Wortwahl drückte auch aus, daß wir Eltern die Emotionen der Kinder respektieren – wenn wir sie auch nicht immer verstehen.

Da nun ein Streit um Worte von nur begrenzter Fruchtbarkeit und ‹Trotz› nun mal das Stichwort ist, auf das Sie reagieren, die Sie unseren Leitfaden vielleicht gebrauchen können, merken wir unsere Distanz zu dem Wort ‹Trotz› nur gleichsam in Klammern an.

Wir fassen zusammen:

Ihr Kleinkind will plötzlich nicht mehr, wie es soll: Wundern Sie sich nicht, wenn Sie *gerade nicht ruhig* reagieren können. Nehmen Sie aber Ihre inneren Einwände gegen eine eigene Wut ernst und inszenieren, kontrollieren Sie Ihre Erregung. Werfen Sie mit *weichen* Gegenständen, machen Sie Musik oder Krach.

Wenn Sie *Ruhe* bewahren können, prüfen Sie gleichwohl, ob Sie Ihr Kind nicht mit einer Kabbelei, einem gespielten Boxkampf oder ähnlichem besser aus der Wut erlösen können.

Es versteht sich, daß Sie zwischendurch immer wieder *Friedens*angebote machen.

Je weniger Personen an einer Trotz-Szene teilnehmen, desto dramatischer wird sie meist. *Besuch und Tapetenwechsel* tun bei labilem seelischen Gleichgewicht gut. Manchmal ist aber auch strenge Zweisamkeit nötig: Sie spüren das daran, daß das Kind sich entspannt, wenn Sie mit ihm allein sind. Versucht es auch dann weiter, sich hinter seinem Zorn zu verschanzen, so warten Sie und reden Sie trotz seiner Abwehr mit ihm.

Ablenkungen können Wunder wirken, vor allem dann, wenn die Sache eigentlich schon ausgestanden ist, der kindliche Stolz aber eine Rückkehr von der Wut-Insel noch nicht erlaubt. Das Nachbarskind mit seinem Hamster im Arm schafft dann Bedingungen, unter denen die Insel-Zwänge einfach nicht mehr gelten.

Konsequenz ist oft *während* eines kindlichen Zornesausbruchs mit seinen meist geringfügigen Anlässen hinderlich für gütliche Einigung. Seien Sie konsequent nur in einem: Lassen Sie das Kind nicht im Stich. Seien Sie ihm *nah*, ob Sie nun selbst erregt oder ob Sie gelassen sind. Ihre Teilnahme, sei die nun laut oder leise, heftig oder still, ist die einzige Brücke, über die das Kind zurückkann zu sich selbst.

Frühkindlicher Trotz.
Oder: Autonomiestreben

Die Erscheinungen des sogenannten kindlichen *Trotzes* – in der neueren Literatur spricht man auch von Negativismus oder Autonomiestreben – beschäftigen die Psychologie, seit es sie gibt. Wie überall in der wissenschaftlichen Forschung finden wir auch in der Kinderpsychologie verschiedene ‹approaches›, das heißt Wege, dem Phänomen auf die Spur zu kommen, es zu isolieren, zu beschreiben, seine Ursachen herauszuarbeiten etc.

Die traditionelle Entwicklungstheorie konkurriert mit der Psychoanalyse, beide beeinflussen einander aber auch.

Seit die Sozialwissenschaften sich um die Autorität der großen Zahl (= ‹Objektivität›) bemühen, hat die empirische Forschung an Bedeutung gewonnen, der statistische Methodenapparat ordnet *und* kompliziert die Materie zusätzlich. Ein klares, von eindeutigen Erklärungen gestütztes und von plausiblen Schlußfolgerungen abgerundetes wissenschaftliches Bild des Phänomens ‹kindlicher Trotz› oder ‹Autonomiephase› existiert nicht – was im übrigen nicht gegen die Wissenschaft spricht. Zeigt es doch, daß Meinungsvielfalt, Meinungsstreit herrschen.

Psychoanalytische Ansätze

In der psychoanalytischen Forschung *Sigmund Freud*s findet der Trotz seinen systematischen Ort im triebtheoretischen Modell: in der sogenannten *analen Phase* zwischen anderthalb und drei Jahren, wenn die Beherrschung der Schließmuskulatur erlernt wird, erleben die Kinder die Lust des Zurückhaltens und Hergebens (des Darminhalts) und damit überhaupt Lust an der *Willkür*, am *Eigen-Willen*. Störungen in dieser Phase – zu denen der Trotz selbst nicht zählt: er ist ein Ausdruck dieser Phase – können den ‹analen Charakter› vorbereiten, d. h. ein Kind dazu prädisponieren, als Erwachsene(r) in Konfliktsituationen auf diese frühe Stufe seiner psychosexuellen Reifung zurückzufallen.

Kritische Autoren unserer Zeit wie beispielsweise der amerikanische psychoanalytisch orientierte Forscher *Theodore Lidz* haben darauf hingewiesen, daß zwar die Phänomenologie des ‹analen Charakters› empirisch belegt erscheine, daß jedoch die Verknüpfung von Trotz und Analität nicht zwingend sei; im bürgerlichen Milieu Freuds, in dem das Sauberkeitstraining früh begann und so der Kampf um Topf und Windel ein wesentliches Feld werden mußte, das die Kinder mit ihrem ‹Nein› zu beherrschen versuchten, hat sich diese Verknüpfung eher zufällig hergestellt.

«Seit Freud den Aufsatz ‹Charakter und Analerotik› geschrieben hat, ist allgemein anerkannt worden, daß zwischen analer Lustbefriedigung, mit der Reinlichkeitserziehung verbundenen Konflikten und gewissen Charakterzügen (wie Geiz, Pedanterie, zwanghaftes Verhalten, Ref.) eindeutige Zusammenhänge existieren. Die Reinlichkeitserziehung braucht jedoch nicht notwendig im zweiten Lebensjahr zu erfolgen, und sie ist weder eine biologische noch eine soziale Notwendigkeit. Darüber hinaus scheinen bestimmte Probleme, die normalerweise mit Analerotik und Reinlichkeitserziehung in Verbindung gebracht werden, wohl eher im Zusammenhang mit Problemen zu stehen, die Konflikte zwischen Initiative und Unterordnung zum Inhalt haben.» (Lidz 1974, Bd. 1, S. 237)

So sucht man die psychischen Hintergründe des Trotzverhaltens heute kaum noch in der ‹Analität›.

René Spitz, ebenfalls von der Psychoanalyse herkommend, hat sich bei seinem immer noch viel beachteten Studien an hospitalisierten Kindern differenziert mit der Herkunft des ‹Nein› als Ausdruck von Verweigerung, von Gegen-Willen, von Eigen-Willen, beschäftigt. Er wagte die Hypothese, das ‹Nein› als *Kopfschütteln* könne auf die Geste des Brustsuchens, die ja das Neugeborene schon kennt (und die eine dem Kopfschütteln identische Ausdrucksqualität besitzt) zurückzuführen sein. Das ‹Nein› wäre dann eine mimetische *Regression,* das heißt ein unbewußtes Zurückgehen, ein Zurückkehren-Wollen auf eine Stufe konfliktloser Befriedigung im Eins-Sein mit der Mutterbrust: aus übergroßer Angst vor eigenen Wegen, vor dem Sich-Loslösen vom ersten, noch als Teil des Selbst erlebten Objekt (eines Objekts, das noch nicht im Wege des Habens oder Nicht-haben-Könnens vom Subjekt

getrennt, sondern identifikatorisch, das heißt als Teil des Selbst erlebt worden ist).

«René Spitz entwickelt aus dem zentralen Geschehen der oralen Phase (die der analen Phase vorausgehende Saug-Zeit, Ref.), aus dem Vorgang des Brustsaugens, der zerfällt in eine Suchbewegung und das eigentliche Saugen, die Grundformen von Identifikation und Objektbeziehung. (...) Somit ist die gemeinsame Wurzel von Identifikation und Objektbeziehung das Bedürfnis nach Vereinigung, dem die Erfahrung der Trennung, des Bruchs in fer Beziehung zwischen Mutter und Kind vorausgegangen sein muß. ‹Der Beginn der eigentlichen Objektbeziehung erhebt die Mutter zum Liebesobjekt und sondert sie dadurch vom Subjekt ab. Paradoxerweise könnte man diese Beziehung auch als Abwehr gegen die wachsende Gewahrung des Losgelöstseins bezeichnen.›» (Anselm 1979, S. 150/1)

Unser ‹Nein, nein, will nicht ...› wäre dann zu ergänzen: ‹... will nicht heraus aus der Einheit mit dem ersten Liebesobjekt, aus jenem Zustand, in dem ich das Objekt nicht zu *haben* brauchte, weil ich es selbst noch *war.*› Auf diesen Grundkonflikt zwischen Da-bleiben-Wollen im Mutterschoß und Hinaus-Wollen/Müssen aus dem elterlichen Nest, auf die Angst, die dieser Konflikt erzeugen muß, hat sich die Diskussion um das kindliche ‹Nein› letztlich konzentriert.

Der Schweizer Forscher *Franz Renggli,* Schüler *Alfred Portmanns,* führt in seiner wissenschaftlichen Arbeit Verhaltensforschung, Psychoanalyse und Ethnologie zusammen. In seinem Buch ‹Angst und Geborgenheit› untersucht er vergleichend

108

die (Kleinst-)Kinderbehandlung bei Primaten und sogenannten Naturvölkern. Aus seinen Ergebnissen läßt sich für unsere Frage nach den Ursprüngen des Trotzes und seinen (insbesondere durch die Reaktionen der Erwachsenen beeinflußten) Folgen dies lernen: die Ängste vor dem Verlassenwerden kommen mit jedem Kind auf die Welt. Ob sie sich pathologisch zuspitzen oder in durchlebbaren Entwicklungsphasen langsam an Heftigkeit verlieren – das hängt davon ab, wie Eltern mit ihren Kindern umgehen.

«Im Laufe des dritten Lebensjahres (...) steigt die Unabhängigkeitstendenz des Kindes von der Mutter. (...)

(Auch) die Mutter fordert von ihrem Kind, daß es seine Probleme und Konflikte selbständig lösen muß, d. h. es wird von ihm verlangt, daß es selbständig laufen, essen, schlafen soll usf. Diese Forderungen werden an das Kind aber auch schon in kleineren, alltäglichen Verhaltensbereichen gestellt. So muß es sich in unserer Kultur selber anziehen, es muß nun auch selbständig, und das heißt alleine für sich spielen können usf.

Wie nun reagiert das Kind auf den Trennungsprozeß, auf die Ablösung seiner Mutter von ihm, auf ihre Zurückweisungen oder auf ihr allmähliches, immer stärkeres Zurückziehen? Bei allen Kindern weckt dieses Verhalten primär den gegenläufigen Wunsch: es möchte sich wiederum vermehrt an die Mutter anklammern und bei ihr verharren; es möchte um so mehr Zärtlichkeiten von ihr empfangen, was die Mutter aber um so heftiger zurückweist. Hier kann sich leicht ein Teufelskreis bilden, wobei das Kind als das schwächere Wesen

nach einer kürzeren oder längeren Zeitspanne immer nachgeben muß. Ein Ausbrechen aus einem solchen Teufelskreis – und er ist um so gravierender, je weniger das Kind die Mutter früher in Besitz nehmen durfte – wird vom Kind als äußerst schmerzlich empfunden. Wie bei den Affen kommt das Kind bei allen Völkern in diesem Lebensabschnitt in eine mehr oder weniger gefährliche Krise. Bei fast allen mir bekannten Völkern reagieren die Kinder auf diesen Trennungsprozeß in der einen oder anderen Form mit Symptomen. Das bekannteste dieser Symptome ist der Schreiausbruch, der sich bis zu einem Tobsuchtsanfall steigern kann. Solche Wutausbrüche sind Enttäuschungsaggressionen, ausgelöst durch den Verlust der Mutter. In unserer eigenen Kultur mit ihrer spezifischen Behandlungsart der Kleinkinder folgt hier die Trotzphase als Reaktion auf den Trennungsprozeß.» (Renggli 1976, S. 94–96)

Rengglis Beschreibungen gehen auf seine Modellkonstruktion, auf Durchschnittsbildungen zurück, sie stimmen deshalb nur *grob*, nicht im einzelnen mit den von uns Betroffenen *und* von den Sozialforschern in unserem Kulturkreis angestellten Beobachtungen überein. So beginnt das Trotzverhalten unserer Kinder meist schon gegen Mitte/Ende des zweiten Jahres, und es zeigt sich auch dann, wenn keine dramatischen Einbrüche in die Dyade mit der Mutter vorausgegangen sind. In diesen Fällen können wir die Trotzreaktionen als Antworten auf das *im Kind* aufbrechende Bedürfnis nach Selbständigkeit *und* auf unbewußt oder erst im kleinen sich andeutende Tendenzen der Mutter zum ‹Rückzug› deuten. Diese

Tendenzen stellen sich im zweiten Jahr so gut wie immer ein: deutlich nachvollziehbar sind sie in den ja immer noch häufigen Fällen, in denen die Mutter eines anderthalbjährigen Kindes erneut schwanger wird.

Die für unser Thema wichtige Erkenntnis von Renggli ist diese: es steckt ein Stück ontogenetische Zwangsläufigkeit im Trotz, da auch die schließliche Trennung Mutter-Kind einer solchen Zwangsläufigkeit untersteht. Ganz wie die Geburt ihre schmerzliche Seite für die nun zu Trennenden *immer* hat (auch wenn der körperliche Schmerz geringfügig ist und die Umstände der Geburt die Bedürfnisse der Beteiligten voll berücksichtigen) – so bleibt auch im Loslösungsprozeß nach der Säuglingszeit ein Stück unabdingbaren Leids. Das Trotzgeschrei der Kinder in der Autonomiephase wäre dann eine Art Zweite-Geburts-Schreien.

Oder – mit einem anderen Wort –: das Herauswachsen aus der Säuglingszeit ist, ähnlich wie das Geborenwerden, ein von *Ambivalenz* geprägter Prozeß: die Kräfte des Bleibenwollens werden zwar von denen des Hinauswollens besiegt, aber sie leisten Widerstand.

Die Ambivalenz ist ein Stück weit *notwendig*.

Ausmaß und Erscheinungsformen des ‹Trotzes› oder des tentativen Autonomieverhaltens sind allerdings weitgehend von der jeweiligen Kultur und ihren Anforderungen an Kleinkinder und Eltern abhängig.

Ansätze der Entwicklungspsychologie

Die traditionelle Entwicklungstheorie, die sich von der Psychoanalyse kritisch abzugrenzen pflegt, ohne indessen sich gegen befruchtende Einflüsse ganz zu verschließen, betont in ihrer Interpretation des Trotzverhaltens die disharmonische Entwicklungsdynamik im Kleinkindalter und den Machtkampf zwischen den Generationen. Auch sie erkennt Elemente von Zwangsläufigkeit im konfliktären Ausdruck des ‹Eigen-Sinns›, scheut aber vor monokausalen, ontogenetischen Erklärungsansätzen zurück.

Das Trotz-Drama gilt ihr durch entsprechende elterliche Reaktion als kleinere, handhabbare Erschütterungen kanalisierbar.

Ein Beispiel aus dieser Schule ist *Wolfgang Metzgers* monographische Arbeit ‹Frühkindlicher Trotz›. Metzger stützt sich auf die empirischen Studien seiner Schülerin *Lilli Kemmler*. Die Forschungsergebnisse dieser Wissenschaftler(in) haben eine klare, übersichtliche Phänomenologie des Trotzes erbracht; es werden verschiedene Typen und Ausdrucksformen von Trotzverhalten ausdifferenziert. In der Ursachenfrage bleiben Kemmler und Metzger bei den Konflikten, die die Brüche, Sprünge und Ungleichgewichte in der kleinkindlichen Entwicklung zeitigen müssen.

Eine gelungene knappe Darstellung des Metzger/Kemmlerschen Ansatzes gibt *Horst Nickel* in seinem Standardwerk: ‹Entwicklungspsychologie des Kindes- und Jugendalters›.

«Das gehäufte Auftreten (von) ... Trotzreaktionen im zweiten und dritten Lebensjahr erklärt Kemmler durch ein Mißverhältnis in der Entwicklung verschiedener Bereiche der kindlichen Persönlichkeit. Auf der einen Seite vollzieht sich von der Mitte des zweiten Lebensjahres an eine Stabilisierung und Differenzierung der kindlichen Bedürfnisse, zugleich beobachten wir ein deutliches Streben nach Selbständigkeit sowie ein wachsendes Interesse an den Objekten der Außenwelt und damit verbunden auch einen zunehmenden Kenntniserwerb (...). Auf der anderen Seite aber ist das Kind oftmals noch nicht in der Lage, Forderungen der Umwelt zu verstehen und Begrenzungen seines Verhaltens einsichtig zu erfassen. Es besteht ferner ein starker Spannungsbogen zwischen den Bedürfnissen des Kindes und bestimmten Objekten der Umwelt, die für es Aufforderungscharakter besitzen. Wird dieser Spannungsbogen durch einen Eingriff von außen durchbrochen, so reagiert das Kind mit mehr oder weniger heftigen Affekten. Trotzverhalten ist daher, wie Kemmler feststellt, keine direkte Äußerungsform des kindlichen Willens, sondern eine nicht notwendige Nebenerscheinung der kindlichen Weltbewältigung.» (Nickel 1979, S. 291)

Die beiden amerikanischen Psychologen L. Joseph *Stone* und Joseph *Church*, deren zweibändiges Werk ‹Kindheit und Jugend. Einführung in die Entwicklungspsychologie› die verschiedensten wissenschaftlichen Schulen vorstellt und diskutiert, ziehen ein ähnliches Resümee: «Der Trotz ist ein normaler und sogar wesentlicher Teil der Entwicklung und gibt, wenn er nicht zu einer ernsten Streitfrage zwischen Eltern und Kind aufgebauscht wird, bald den konstruktiven Aspekten der Autono-

mie Raum. Im allgemeinen wird ein Kleinkind, das zum Forschen und zur eigenen Übung von Fertigkeiten ausreichend Gelegenheit hat und durch die Hilfe, die es manchmal braucht, sowie einige notwendige Vorschriften im Gleichgewicht gehalten wird, mit einem gesunden Bewußtsein seiner eigenen Fähigkeiten und der Bereitschaft, sich den Problemen späterer Altersstufen zuzuwenden, aus dem Kleinkindalter hervorgehen.» (Stone/Church 1978, Bd. 1, S. 329)

Trotz ohne Anlaß? Was mir beim Studium der Metzger/Kemmlerschen Arbeiten, die mit der ganzen Akribie und Systematik der empirischen Sozialforschung angelegt sind, auffiel, war, daß das Phänomen des (scheinbar) anlaßlosen Trotzanfalls ausgespart blieb, ja explizit geleugnet wurde. Metzger schreibt, sich auf Kemmlers Befunde stützend: «Wie schon angedeutet, gibt es keinen Trotz ohne äußeren Anlaß, man kann sogar sagen, ohne äußeren Eingriff.» (Metzger 1967, S. 42)

Ich kann diese These nicht wissenschaftlich widerlegen, da ich keine (repräsentativen) Erhebungen durchgeführt habe. Meine ‹subjektive Empirie› jedoch und Nachfragen bei einer beträchtlichen Zahl von Eltern lassen mich einstweilen am (scheinbar) anlaßlosen kindlichen Wutanfall festhalten. Ich schreibe ‹scheinbar anlaßlos›, da ich vermute, daß *verborgene* Anlässe immer existieren; gleichwohl meine ich, daß diese verborgenen Anlässe nicht, wie Metzger schreibt, immer äußere Eingriffe sind, sondern auch *innere* Sensationen sein können. Ich denke da an Verschiebungen im Autonomie- oder Regressionsbegehren des Kindes, die sich eruptionsartig in der jungen Psyche ereignen können, so daß

Zornesausbrüche eben doch ‹aus heiterem Himmel›, also gerade *ohne Anlaß* stattfinden.

Besteht diese Möglichkeit, so haben wir einzuräumen, daß *nicht immer* und *nicht ausreichend* gegen die kindliche Auflehnung gegengesteuert werden *kann*. Das heißt, daß das sozusagen Schicksalhafte am Trotz, auf das (wenn ich ihn richtig verstanden habe) Renggli verweist, wirklich existiert. Der entwicklungspsychologische ‹Optimismus› in bezug auf den Trotz, d. h. die These, diese Phase ließe sich bei entsprechender elterlicher Führung der Kinder «entschärfen» (wie wir ihn beispielsweise bei Metzger, Kemmler, Nickel, Stone/Church vorfinden) wäre dann nur sehr bedingt berechtigt. Bei aller kulturellen Überformung und Modifikation der ursprünglichen ‹Trennungsangst› bliebe ein ontogenetisch-unabdingbarer Rest (von Ambivalenz, Konflikt, Angst).

Für Eltern sind die Ursachenfragen (*warum* trotzt ein Kind?) wichtig vor allem im Zusammenhang praktischer Schlußfolgerungen. Also: Wie können wir, als Eltern, dem ‹Autonomiestreben› der Kinder Rechnung tragen, ihrem ‹Negativismus› begegnen, ohne die kindliche Entwicklung zu stören?

Umgang mit dem Trotz

Die psychoanalytisch orientierten Autoren erhoffen sich Angstminderung durch Konstanz und stabile Zuwendung der Betreuungspersonen (Lidz, Spitz, auch John *Bowlby*). In ähnlicher Weise, nur stärker orientiert am Alltag, resümieren Metzger und seine Schüler/innen. Sie appellieren an Geduld und Humor der erziehenden Persönlichkeiten.

«Ist der Trotzanfall da, so ist noch nichts verloren. Aber seine richtige Behandlung erfordert Ruhe, Beherrschung, Humor und immer wieder wirklich aufgeschlossene Liebe.» (Metzger 1967, S. 77)

Eine solche Erledigung des Problems durch Beschwörung einer quasi mythischen Muttergeduld scheint mir spätestens heute nicht nur praktisch überholt bzw. vergeblich, sondern auch gründlicher theoretischer Revision bedürftig. Aus verschiedenen Ursachen, die in den modernen Lebensbedingungen, vor allem in der gewandelten Frauenrolle liegen, ist die alte quasi-mythische Mutterimago (von der es strittig ist, ob sie jemals empirische Qualität besaß) nicht wiederbelebbar.

Da Kleinkinder nichtsdestotrotz stabile einfühlende Zuwendung brauchen, wäre zu überlegen, ob nicht Alternativen zur nicht mehr funktionsfähigen Mutter-Kind-Dyade (Einbeziehung der Väter, obligatorische Beteiligung von Jugendlichen und Alten an der Kleinkindpflege) theoretisch erarbeitet und praktisch erprobt werden müßten.

Renggli weiß, daß alle Aufforderungen an die Eltern (respektive die Mütter), dem Kind das ‹zweite Geborenwerden› durch großzügiges Hergeben von Zeit, Anwesenheit und Nähe zu erleichtern, Verpflichtungs- und damit auch (ggf.) Schuldgefühle bei den Eltern verstärken müssen. Er nimmt deshalb explizit davon Abstand, einen der üblichen Ratschläge (Geduld, Liebe etc.) an die Eltern zu formulieren – ein Verzicht, der in der kinderpsychologischen Wissenschaft (bzw. in der auf die Praxis bezogenen Schlußfolgerungen) äußerst selten und schon deshalb bemerkenswert ist.

Man könnte Renggli so interpretieren: Beim Trennungsprozeß geht nun mal nichts ohne Schmerz (Angst, Aggression, Trotz) ab. Man könnte aber auch, meine ich, den Verzicht auf Inpflichtnahme der Mütter mit Überlegungen in Richtung auf eine Umorganisation des Lebens mit Kindern (s. o.) verbinden.

In den Aufforderungen der Psychologen an Eltern und Pädagogen, trotzenden Kindern mit Geduld und ‹Liebe› aus ihrem Affekt herauszuhelfen, steckt, der Fixierung an eine irreale sanftmütige Mutterimago zum Trotz, eine richtige unterstützenswerte Tendenz: das ist die moderne *Humanität* in der Kinderbehandlung.

Für das Thema ‹Trotz› ist die Frage der elterlichen Sanktionen ja von besonderer Relevanz: ein Kind, das auf seiner ‹Autonomie› besteht, wendet sich ja *gegen* seine Erzieher und fordert damit irgendwelche Maßnahmen seitens seiner Erzieher heraus.

Die Verwissenschaftlichung der Erziehung hat nun nicht nur ‹alles komplizierter gemacht›, sondern auch manches erleichtert, da sie Brücken zu Verständnis und Einfühlung gebaut und den Autoritätsanspruch der Erziehungspersonen relativiert hat.

Wichtigste Errungenschaft scheint mir die einhellige Verurteilung der Prügelstrafe, wie sie in der ernstzunehmenden neueren Literatur wohl durchweg zu finden ist. Aber auch die Brechung des kindlichen Eigen-Willens kann sich als Element eines förderlichen Umgangs mit dem (Klein-)kind kaum mehr auf wissenschaftliche Begründung berufen – es geht eher um einen *Kompromiß*, in dem durch Abstimmung von einlenkendem *und* entschieden-autoritativem Verhalten die Erzieher das Kind ‹mit-

bestimmen› lassen, ohne darauf zu verzichten, es zu lenken. Das Prinzip der Erziehung und Formung der kindlichen Persönlichkeit durch notfalls drastische Maßnahmen wird durch die Idee der Stützung, Hilfe und einfühlenden (An-)Leitung ersetzt, wobei der Verzicht auf offene Gewalt stets Neben-Ziel bleibt. Für Eltern von trotzenden Kleinkindern kann die ‹Besinnung› auf diese neuere Humanität in der Kinderbehandlung nützlich und hilfreich sein. (Vgl. hierzu *Petri / Lauterbach*).

Ich möchte zum Schluß einen Außenseiter-Autor zu Wort kommen lassen, den amerikanischen Hirnphysiologen und Pädagogen Joseph Chilton *Pearce*. Die Arbeiten dieses Autors gehören nicht zum universitär-wissenschaftlichen Diskurs im engeren Sinn (was übrigens in den USA für das ‹Ernstgenommenwerden› eines Autors nicht so wichtig ist), sie könnten aber befruchtend auf diesen Diskurs einwirken.

Pearce ergreift mit beeindruckender Radikalität Partei für das Kind – das macht seine Schriften interessant. Die großen Anforderungen, die eine gedeihliche Förderung kleiner Kinder an die Erwachsenen stellt, schiebt Pearce ganz auf die (leibliche) Mutter ab – das macht seine Schriften ideologisch.

In seinem Buch ‹Die magische Welt des Kindes› widmet Pearce dem kindlichen Zorn nur einige Seiten. Die enthalten jedoch eine so prägnante Zusammenfassung der ‹Trotz›-Problematik, daß ich hier daraus zitieren möchte:

«Zorn ist ein Anzeichen dafür, daß der Antrieb des Kindes nicht berücksichtigt wurde. Antrieb hat keine Logik, nur den Drang, sich zu verwirklichen. In seinem unmittelbaren Drang unterdrückt (und das Kind kennt keine Zeit außer *jetzt*), versucht das Kind, das Hindernis aus dem Weg zu räumen. Dadurch bringt es sich selbst in eine unhaltbare Lage: In seiner Zorn-Reaktion möchte es die Eltern los sein, löst aber damit den Schrecken des Verlassenwerdens selbst aus. In solch einer Klemme zwischen entgegengesetzten Trieben (dem Trieb zur Bindung und dem Trieb zur ungehemmten Erforschung der Welt) wird das Kind einem unlösbaren Stress ausgesetzt, der wiederum auf dem Zorn zurückwirkt und ihn über den ursprünglichen Anlaß weit hinauswachsen läßt.

Es muß daher lernen, daß sein Zorn das Band (der durch nichts infragestellbaren Zugehörigkeit zu den Eltern, Ref.) unter keinen Umständen verletzen kann. Wenn sein Trieb,

die Welt zu erkunden, mit der Verantwortung der Eltern für seine körperliche Sicherheit oder mit der Ordnung und dem Wohlergehen der ganzen Familie kollidiert und seine Enttäuschung in Zorn umschlägt, muß es wissen, daß es seine Wut ausleben kann, ohne das Band (zu den Eltern, Ref.) zu bedrohen. (...)

Das Kind muß wissen, daß es seine spontane Wutreaktion – eine Art Todeswunsch für die Eltern – frei äußern darf, ohne daß dieser Wunsch gleich Wirklichkeit wird. Es muß klar sein, daß Mutter nicht verschwindet, wenn man böse mit ihr ist. Sein Zorn ist die explosivste Kraft, die das Kind kennt, vergleichbar nur mit Mutters Zorn. Entscheidend ist zu wissen, daß selbst die Destruktivität der Wut das Band nicht in Frage stellt.»

Literatur

ANSELM, SIGRUN: Angst und Solidarität. München 1979

BOWLBY, JOHN: Trennung. Psychische Schäden als Folge der Trennung von Mutter und Kind. München 1976 (Ersterscheinungsjahr in England 1973)

KEMMLER, LILLI: Untersuchungen über frühkindlichen Trotz. In: Psychologische Forschung 1957

LIDZ, THEODORE: Das menschliche Leben. Die Entwicklung der Persönlichkeit im Lebenszyklus. Zwei Bände. Frankfurt/M. 1974 (Ersterscheinung in den USA 1968)

METZGER, WOLFGANG: Frühkindlicher Trotz. In: Psychologische Praxis, Heft 18, Basel 1967

NICKEL, HORST: Entwicklungspsychologie des Kindes- und Jugendalters. Bern 1979 (Ersterscheinungsjahr 1972)

PEARCE, JOSEPH CHILTON: Die magische Welt des Kindes. Düsseldorf 1978 (Ersterscheinung in den USA 1977)

PETRI, HORST / LAUTERBACH, MATTHIAS: Gewalt in der Erziehung. Plädoyer zur Abschaffung der Prügelstrafe. Frankfurt/M. 1975

RENGGLI, FRANZ: Angst und Geborgenheit. Soziokulturelle Folgen der Mutter-Kind-Beziehung im ersten Lebensjahr. Reinbek 1976 (Ersterscheinungsjahr 1974)

SPITZ, RENÉ: Nein und ja. Stuttgart 1970

STONE, L. JOSEPH / CHURCH, JOSEPH: Kindheit und Jugend. Einführung in die Entwicklungspsychologie. Stuttgart 1978 (Ersterscheinung in den USA 1973)

Brüllend singen, wenn das Kind trotzt ...

Eine Leserin über ihre Erfahrungen mit den Anregungen von Barbara Sichtermann in diesem Buch

Barbara Sichtermanns Buch «Nein, nein, will nicht!» gehört zu den meistverkauften in der Reihe «Elternrat», und es gehört auch zu denen, auf die wir die meiste Leserpost bekommen.

Und die ist meist entweder enthusiastisch oder bösartig kritisch. Offenbar sind nicht alle Menschen so experimentell, daß sie sich durch Geschriebenes dazu verleiten lassen, ihr Verhalten probeweise zu verändern.

Barbara Leysieffer-Frölich aus Bremerhaven ist da offenbar anders. Sie hat sich von Barbara Sichtermann anregen lassen, und sie hat sich auch über sie geärgert. Und über alles hat sie einen spannenden Bericht verfaßt, den wir hier abdrucken. Solches feed-back wünschen wir uns mehr. Und nun, Vorhang auf für Barbara Leysieffer-Frölich!

Zu meiner Person: Ich bin Jahrgang 1951, Studienrätin in einer Provinzstadt, verheiratet, Reihenhausbewohner-/abzahlerin, mit drei kleinen Kindern «gesegnet» (vier und zwei und ½ Jahre) und – anläßlich meines dritten Kindes – derzeit für ein Jahr vom Schuldienst beurlaubt. Anschließend will ich wieder mit halber Stundenzahl unterrichten, so wie ich dies auch bisher getan habe (abgesehen von dem jeweils halbjährigen Mutterschaftsurlaub).

Von außen sieht das alles recht idyllisch aus.

Aber innerlich fühle ich mich völlig zerrissen: hin- und hergezerrt von dem Strudel an Rollenansprüchen, die mich im Griff haben: Ich will mich in der Schule engagieren, natürlich aber auch perfekte Mutter sein, Reihenhäuschen darf aber auch nicht verkommen, mein Mann will eine charmante Ehefrau, aber eigentlich bin ich mehr politisch interessiert ... Ich muß Prioritäten setzen – aber wie sehen sie aus?

Ich komme nicht/nur schwer zurecht damit, will es aber, greife also händerringend nach allem, was habhaft ist an «Fachliteratur» für Frauen wie mich. So auch nach B. Sichtermanns «Nein, nein ...!»

Ich habe es mit Genuß gelesen. Aufgeatmet, mich entspannt.

Es war so erleichternd für mich, von den zwei Frauen zu lesen, die sich zusammensetzen und einander ganz offen zugeben, daß sie *nicht* immer mit allem fertig werden.

Daß das «Trotzalter» ganz objektiv eine schwierige Phase ist und *nicht* Resultat falschen Erziehungsverhaltens.

Und einen Tip habe ich gleich umgesetzt: Ich habe zwar nicht mit «weichen Gegenständen» geworfen (weil mir halt das Werfen mit Gegenständen nicht so liegt), aber ich habe beim nächsten Wutausbruch meines Sohnes theatralisch mitgeschrien, so wie es in dem Buch «empfohlen» wird.

Ah, *das* war befreiend!

Es ist ja so schön zu schreien!

Genauer: so richtig laut schreiend zu singen! (Dies ist *mein* Ausweg, um das Kind durch mein Geschrei nicht zu ängstigen.)

Auf einmal wurde mir klar, daß es gar nicht so schlimm ist für die Kinder, wenn *sie* laut schreien. Ich dachte immer, wenn sie schreien, dann leiden sie ganz entsetzlich, und ich muß schnell hin, um sie aus tiefster Not zu retten. Bei den «Trotzanfällen» ist das aber gar nicht so.

Sie schreien, um sich selbst zu entdecken.

Und ich sang das wüsteste Zeug vor mich hin; und was passierte, *während* wir so im Duett – genauer: kontrapunktisch – gegeneinander anbrüllten?

Ich wurde auf einmal ruhig! Meine Aggressionen gegenüber dem Kind nahmen ab! Ich mußte lachen und hatte – auf einmal (endlich!) – die Ruhe weg und sagte: «So, Jonas, und jetzt *wirst* du gewickelt, und jetzt *nehme* ich dir den Rasieraparat weg, auch wenn dies deinen berechtigten Forschungsdrang im Moment noch so hemmt: du wirst *nicht* daran zugrunde gehen!»

Und Jonas brüllte kräftig, und ich war ganz ruhig, und dann wurde er auch ruhig, und ich hatte die Souveränität, ihm eine Alternative anzubieten.

Manchmal geht er darauf ein. Manchmal nicht. Ist *seine* Sache! Er wird *nicht* dran krepieren, wenn er *nicht* drauf eingeht und ich ihn dann ganz grausam seinem Schicksal (sprich: dem Ort, an dem er gerade

ist, z. B. dem Wohnzimmer) überlasse und in die Küche entschwinde. Also *nicht* bei ihm bleibe, wie dies in dem Buch empfohlen wird.

Und hier setzt meine Kritik ein.

Aber dazu möchte ich auf die in dem Buch angeschnittene *Problematik «unkontrollierter» elterlicher Gefühlsausbrüche* eingehen.

Exkurs

Ich glaube, es ist wahr, was in dem Buch steht:

daß wir *deswegen* so schwer mit den Gefühlsausbrüchen unserer Kinder umgehen können, weil wir selber so perfekt darauf trainiert worden sind, unsere eigenen Emotionen zu kontrollieren, zu unterdrücken, ja mehr noch: sie – mit Hilfe der Vernunft – richtiggehend wegzuoperieren aus unserem Inneren.

Was natürlich nicht möglich und die schiere Fiktion ist.

Ob gerade wir Deutsche im Unterdrücken von Angst- und Wutgefühlen, von Trauer und Verzweiflung, aber auch von Freude, (*un*kontrollierter Freude), Überraschung, Begeisterung und anderer positiver Emotionen besonders «perfekt» sind? Nur nicht aus sich herausgehen. Nur nicht sich emotional gehenlassen. Man könnte ja damit eine Schwäche von sich zugeben. (O weia, das wäre schlimm!)

Ob dies vielleicht auch etwas mit der politischen Vergangenheit unseres Landes zu tun hat? Genauer: mit der deprimierenden Erfahrung unserer Eltern, daß *ihre* in der (Hitler-)Jugend so verschwenderisch geäußerten Emotionen durch den Faschismus total pervertiert wurden? Und die uns deshalb auf peinlichste Kontrolle unserer «gefährlichen» Emotionalität gedrillt haben?

116

Vielleicht reicht der Faden aber noch weiter zurück:

Seit wie vielen Generationen ist es üblich, gerade in Deutschland, Männer als unmännliche Schwächlinge zu denunzieren, die es wagten, angesichts von Grausamkeiten und Brutalität (nicht erst im Zweiten Weltkrieg) ihr Entsetzen zu zeigen, die Schwäche des Mitleids zu äußern?

War dies nicht schon im deutschen Kaiserreich so? Und da schon längst? Die preußisch-deutsche Erziehung zur «Raison», die Ablehnung jeglicher «Gefühlsduselei» (Begriffe aus dem friderizianischen Preußen des 18. Jahrhunderts, dem Zeitalter der Aufklärung) – wieviel davon lebt auch in uns, in uns so emanzipiert rational denkenden Frauen fort?

Wir wollen es endlich den Männern gleichtun. Wir wollen auch unseren Anteil an der Aufklärung aus der Unmündigkeit.

Was übernehmen wir dabei mit? An historischer Kontinuität im Umgang der Deutschen mit ihren Gefühlen?

Ich bin ins Spekulieren geraten. Aber als Geschichtslehrerin und als jemand, der durch die eigenen Kinder plötzlich neugierig geworden ist auch auf die (deutsche) Geschichte der *Erziehung*, kann ich es nicht lassen, mir darüber Gedanken zu machen.

Zurück zur heutigen Situation.

Egal, wie's mit der Tradition bestellt ist, wir alle sind lernfähig, wenn wir bereit sind, überkommene «Über-Ichs» wegzuschmeißen und neu anzufangen.

Ich habe entdeckt, daß ich meine (negativen) Emotionen dann, wenn ich ihnen schon in einem (subjektiv!) «verfrühten» Stadium freien Lauf lasse, sie also bewußt ‹voreilig› äu-ßere und sie zugleich – falls nötig – durch theatralische Gestik und Mimik sogar noch übertreibe, sehr viel besser unter Kontrolle bringen kann, als wenn ich sie krampfhaft vernünftig unterdrücke. Ich erfahre dabei immer wieder, daß ich dadurch gerade *nicht* – wie zu befürchten – zum Gefangenen meiner Gefühle werde: denn indem ich sie durch (theatralisch, also künstlich) übersteigerte Manier auslebe, nehme ich sie doch überhaupt erst wahr! Und *erst* indem ich meine eigenen Gefühle, meine eigene Befindlichkeit *wahrnehme*, versetze ich mich überhaupt erst in die Lage, mich – durch betonte Theatralik, also Stilisierung (und «Ästhetisierung» – Singen statt Schreien) – ironisch von ihnen zu distanzieren, *über* ihnen zu stehen.

Oder auch: *zu* ihnen zu stehen und entsprechend zu handeln.

Denn, selbst wenn die ironische Distanz mißlingt. Ich habe gemerkt – mit großer Erleichterung –, daß es meinen Kindern sehr viel weniger schadet, wenn ich sie hin und wieder (und zwar mehrmals täglich) anfauche, als wenn ich meinen Ärger unterdrücke und ihn hinterher durch moralisierende Reden kompensiere.

Wie soll ein Kind denn auch merken, wo die Grenzen (die Belastungsgrenzen) seiner Mitmenschen sind?

Oder soll es die *nicht* merken?

Manchmal habe ich das Gefühl, als wollten wir dem Kind gegenüber so tun, als gäbe es *keinen* Zwang zur sozialen Anpassung, als seien wir alle Übermenschen an Toleranz.

Jeder Raum, jeder Gegenstand hat seine Begrenztheit: Indem ein Kind sich – bewegend, anfassend, experimentierend – mit den räumlichen Bedingungen seiner Umgebung und mit der Beschaffenheit der vorhandenen

Dinge auseinandersetzt, erfaßt es die Möglichkeit, aber auch die Grenzen von Räumen und Gegenständen, und zwar ganz direkt, nämlich sinnlich, materiell, konkret: durch seine fünf Sinne: Der Steinfußboden tut weh, wenn man drauffällt, das Sofa tut nicht weh, selbst wenn man sich draufplumpsen läßt; der Tisch bei Oma hat scharfe Ecken, also Achtung!

Abstand halten; der Stuhl ist zu klein zum Durchkriechen, aua! Aber man kann ihn ans Regal schieben, draufklettern und sich so die Vase oben rausholen, wenn sie hinfällt, klirrt es, und sie ist zerbrochen. Dieses Essen schmeckt, mhm, mehr davon, Blumenerde bäh! Weg damit! Der Topf auf dem Herd blubbert – aua, heiß, Hand weg!

Die Dinge sagen dem Kind ganz «spontan», in welcher Weise es sie respektieren muß, damit es positiv mit ihnen umgehen kann. Und woran merkt ein Kind, wie es mit den Menschen seiner Umgebung umgehen kann?

Auch Menschen sind kantig, eckig, spitz, schrill oder grob, wenn man ihre (Belastungs-)Grenzen mißachtet, auch sie reagieren verletzend, wenn man ihnen *zu* nahe tritt (wenn auch – dank antrainierter Vernunftskontrolle – oft erst zeitlich versetzt – was es für das Kind weiß Gott nicht leichter macht!).

Wenn ich eine Laus an der Wand zerdrücke, zerquetscht sie. Wenn sich eine Mutter von den «Bedürfnissen» ihres Kindes an die Wand drücken läßt, dann zermatscht ihre Persönlichkeit zu einem larmoyanten Materdolorosa-Brei.

Und genau dies wird in Sichtermanns Buch (unbewußt) empfohlen. Ich meine aber, gerade die sogenannte «Trotzphase» bietet *die* Chance, das Kind erfahren zu lassen, wie die sozialen Grenzen, also die Toleranzgrenzen seiner Bezugspersonen (*inclusive* seiner Mutter) beschaffen sind, ist diese Phase doch, wie Barbara Sichtermann schreibt, gerade ein Prozeß der Loslösung des Kindes aus der primären Harmonie der Mutter-Kind-Symbiose.

Das Kind erfährt jetzt schrittweise (auch im buchstäblichen Sinn), daß es – zu seinem Erstaunen, zu seiner Überraschung und natürlich auch zu seinem Entsetzen, daher die Angst – ein von der Mutter *getrenntes*, das heißt verschiedenes, anderes, eigenes Subjekt ist!

Um dies richtig zu «begreifen» (auch dies wiederum auch buchstäblich), *muß* es sich mit der Mutter «auseinandersetzen» (wieder buchstäblich). Es *muß* sich trennen, und das heißt auch verweigern, probeweise, was immer die Mutter ihm angeboten hat.

Und dies ist *die* Chance für die Mutter, dem Kind nun genauso «begreiflich» zu machen, daß sie nicht (mehr) die voraussetzungslos gute Allmutter der Babyzeit ist, die da ist für das Kind «All-über-all-und-jeder-zeit-und-ewiglich-und-ohne-Bedingung-alle-Wünsche-Erfüllende», nicht mehr die «Verschwenderisch-alles-*nur*-Gebende», die «Nichts-für-sich-aber-alles-für-das-Kind-Seiende», **sondern:** ein Individuum wie jeder andere Mensch auch. Natürlich verläßlich. Natürlich wird sie ihr Kind nicht «sitzenlassen», auch wenn sie ihr «Trotzkind» manchmal allein im Zimmer sitzen läßt. Aber *trotzdem*: ein normaler Mensch (ein Mensch!).

Indem *ich*, die Mutter, auf Wutausbrüche meiner Kinder mit eigenen – theatralisch inszenierten (soweit möglich) – Verzweiflungsausbrüchen reagierte («AAAAAHHH!» – IHR MACHT MICH NOCH ALLE!!» – OHJEOHJEOHJE!!» – «KEINE LUST MEHR!» – «WILL AUCH MAL ...!»), entdeckte ich plötzlich auch mich selber wieder.

Die «Trotzphase» bzw. das Autonomiestreben des Kleinkindes ist eine Phase *auch* für die Mutter, mal wieder *ihre* Autonomie zu entdecken, die Entdeckung des kindlichen Willens ein Signal, auch das eigene Wollen wieder zu entwickeln. Was *nicht* heißt, daß man sich gegenseitig fallenläßt.

Das ist doch Blödsinn, diese Angst, die die Dialoge der Frauen in diesem Buch durchzieht, das Kind könne sich verlassen fühlen, nur weil die Mutter aus dem Zimmer geht. Denn natürlich sorgen doch die Eltern auch weiterhin für die Befriedigung der Grundbedürfnisse des Kindes (Essen, Trinken, Schlaf, erträgliche Temperaturen und halbwegs gesunde Luft, praktische Kleidung, etwas Spielraum und spontane Zuwendung). Und mehr brauchen sie nicht zu tun. Das Kind muß das weitere – nämlich die Entwicklung seiner Persönlichkeit – schon selber besorgen. Und das tut es auch – *dank* seiner natürlichen Trotzfähigkeit ist es ja dazu in der Lage.

Und es schafft das auch, wenn die eben aufgezählten Grundbedürfnisse verläßlich befriedigt werden (im Rahmen der gegebenen Verhältnisse, wie den sonst) und wenn das Kind die Personen, mit denen es zusammenlebt, in deren Tun und Gestik/Mimik und Sprache beobachten kann *und* wenn es sich mit ihnen realistisch auseinandersetzen kann.

Realistisch: das heißt den Persönlichkeitsmerkmalen der Bezugspersonen und den situativen/sozialen Bedingungen der familiären Umwelt *entsprechend*, statt allzusehr davon abstrahierend, wie es mir in diesem Buch zum Teil der Fall zu sein scheint (was nämlich auf Kosten der Persönlichkeitsentwicklung der Mutter = Frau geht!).

Also: Warum soll ich als Mutter nicht das Recht haben, den Zweijährigen dann zu wickeln, wenn es für mich praktisch ist, auch wenn es dem Kind dann gerade nicht paßt? Okay, es muß seinen kindlichen Willen dann für 5 Minuten unterdrücken. Ich verbiete ihm damit aber nicht, diesen nicht anschließend doch wieder zu äußern. Aber was verbiete ich *mir*, wenn ich geduldig darauf warte, bis das Kind sein Spiel beendet hat? Schließlich muß ich noch so einiges andere erledigen: einkaufen, kochen, saubermachen, Geld verdienen (!) und ... auch selber mal ein bißchen «spielen», und zwar das, was *ich* will!

Bin ich nicht verpflichtet, meine Interessen dem Kind gegenüber durchzusetzen ganz allein schon deswegen, weil ich meine Gesundheit, meine Tatkraft, meine Energie, meine Lebenslust und auch meine Träume! auch bzw. gerade im Interesse meines Kindes aufrechterhalten muß!?

Wodurch begreift ein Kind besser, wie soziale Umgangsformen (das heißt ein Miteinander *ohne* Entfaltung des einen *auf Kosten* des anderen) aussehen: indem ich meine eigenen Bedürfnisse verdränge zugunsten einfühlsamen Hinterherlaufens hinter den (sich eigentlich erst noch entwickelnden) Bedürfnissen des Kleinkindes? Oder indem ich sehr wohl neben meinen weichen, lieben Seiten auch und gerade meine ganz persönlichen «Ecken und Kanten» zeige (okay, soweit möglich, theatralisch – aber nichtsdestotrotz konsequent!), damit mein Kind begreift, wie es mit *mir* umgehen kann, ohne sich an mir zu stoßen?!

Ich meine: indem ich dem Kind zeige, wie *ich* mich durchsetze, bin ich für das Kind ein Modell, an dem es – imitierend – von Fall zu Fall mehr lernt, auch *sich* durchzusetzen, das heißt seine eigenen Persönlichkeitsmerkmale zu entwickeln auch *gegen* die Eltern und deren pädagogische Ambitionen: So würde ich es zum Beispiel gerne sehen, wenn meine vierjährige Tochter sich sportlich drahtig aufs Dreirad schwingen würde – statt dessen ist sie ein Bücherwurm wie ich.

Aber: *seitdem* ich es durchgesetzt habe *gegen* die tyrannischen Aufmerksamkeitsansprüche meiner lieben Kleinen, auch *in deren Anwesenheit* mal wieder Klavier zu spielen, seitdem macht es mir auch nichts mehr aus, daß meine Tochter genauso «unsportlich» in der Bücherecke hockt wie ihre unsportlichen Eltern.

Und die Kinder verkraften durchaus *meine* «Trotzanfälle». Im Gegenteil: es macht sie gewitzter. Es macht sie rücksichtsvoller *und* egoistischer. Sie machen die Erfahrung, daß man auch über Umwege und Hindernisse hinweg ans Ziel gelangt. Oder wenn nicht jetzt, dann morgen. Der Zwang zu größerer Frustrationstoleranz (infolge der ihnen aufgezwungenen Bedürfnisaufschiebung) *steigert* ihre Willenskraft.

Und mir geht es wieder viel besser – was meinen Umgang mit den Kindern entkrampft. Ich kann es mir wieder leisten, spontan zu reagieren, ohne befürchten zu müssen, daß

meine Aggressionen mit mir durchgehen. Und ich gehe dadurch viel kreativer mit meinen Kindern um!

Ich finde, um diese soziale Auseinandersetzung, genauer: das Recht der Mutter, trotz (eigentlich müßte es heißen: wegen) ihrer Mutterrolle ein gleichberechtigtes Individuum zu bleiben, wird sich in diesem Buch etwas herumgedrückt. Es wird zum Beispiel zuwenig über die beruflichen Perspektiven und Bedürfnisse der Mütter geredet, zuviel über die Autonomiebedürfnisse der Kinder. Die Mütter (Eltern?) erscheinen mir in dem Buch noch zu sehr in der Rolle der gütigen, (fast?) alles verzeihenden, nachsichtigen Nur-Mütter. Damit spielen sie den Kindern etwas vor! Oder halten sie zumindest länger klein, als dies notwendig wäre? Auf jeden Fall machen sie sich selber damit klein!

Ich habe Angst, daß gerade wir heutigen Mütter (gerade auch dann, wenn wir akademisch gebildet sind) in dem Moment, wo wir unser erstes Baby im Arm halten, in den Wahn verfallen, unsere Selbstverwirklichung als Mensch (Frau) mit unserer Verwirklichung als Mutter zu verwechseln. Für das erste halbe Jahr ist das ja auch okay, aber dann . . .?

Wenn wir die symbiotische Mutter-Kind-Beziehung ins «Trotzalter» hinein verlängern und den Entfaltungsdrang des Kindes höher veranschlagen als unseren eigenen, dann machen wir unsere Chancen auf Emanzipation kaputt. Vielleicht nicht bei nur einem Kind, aber bei mehreren werden wir bei Anwendung der in diesem Buch vorgestellten Verhaltensweisen zu so langer Aufschiebung unserer eigenen Bedürfnisse gezwungen, daß wir sie am Ende noch vergessen . . . Und *dann* müssen wieder unsere Kinder herhalten – als Stellvertreter, als Ersatz für entgangene eigene Lebenschancen!

Warum sind die in dem Buch vorgestellten beiden Mütter zur Zeit *nicht* berufstätig, obwohl doch beide nur *ein* Kind haben und dies dem Babyalter bereits entwachsen ist! Die eine Mutter hat ihre Ausbildung zurückgestellt, «ganz bewußt» natürlich, um sich besser um ihr Schätzchen kümmern zu können.

Welche Frau kann sich das eigentlich heute – bei der derzeitigen Arbeitsmarktlage – leisten? Doch wohl am ehesten diejenigen Frauen, die sowieso schon auf der Arbeitslosenliste stehen!

Für sie ist natürlich ein Buch wie dieses ein willkommener Trost für den Verzicht auf ökonomische Unabhängigkeit, ein Vorwand, sich wieder voll auf Kinder und Küche zu stürzen ... Das dritte «K», die Kirche, wird heute durch die Kunst der pädagogisch perfekten Erziehung ersetzt – eine Kunst, die nur beherrschen lernt, wer die Mutterrolle wieder zum (Ersatz-)Beruf stilisiert.

Und dann sitzen diese jungen Frauen, die «ganz bewußt» und natürlich nur zeitweise (wenn das mal keine Illusion ist!) auf berufliches Engagement verzichten, zu Hause und grübeln darüber nach, wie sie ihre *Kinder* (!) zu optimaler Entfaltung bringen.

Womöglich grübeln sie noch darüber nach, wie sie ihre Töchter *zu emanzipierten Frauen erziehen* können!

Und was für ein Verhalten demonstrieren sie selber ihren kleinen Töchtern gegenüber?

Daß sie «ganz bewußt» (das «zeitweise» kapieren die Kleinen sowieso nicht – recht haben sie) *auf ihre beruf-*

liche Emanzipation verzichten, um sich ganz ihrem Kind zu widmen. Und sich beim Kaffeeklatsch mit anderen Frauen und deren Kindern treffen, um gemeinsam über Erziehung zu reden.

Was eigentlich *unterscheidet* diese Mütter von ihren eigenen Müttern in den fünfziger Jahren?

Soweit meine inhaltliche Kritik, die ich mir hier einfach von der Seele schreibe, weil mich das Problem so betrifft.

Dennoch: ich fand das Buch gut – es hat *mir* ganz *konkret* geholfen (siehe oben).

Und daß es mir so praktisch geholfen hat, liegt sicher auch an der für mich neuen unprätentiösen Art der Darstellung.

Die Dialogform nämlich macht inhaltliche Wiederholungen möglich, *ohne* deshalb gleich belehrend zu wirken – im Unterschied zur sachlich wissenschaftlichen Darstellungsweise, bei den Wiederholungen eher langweilig störend wirken, ist im Gespräch die Wiederholung etwas so Alltägliches, daß man sie fraglos akzeptieren kann. Und diese Wiederholungen erleichtern ja das Verständnis des Inhalts.

Und der Inhalt wird ganz einfach auch deshalb leichter faßbar, weil die Gesprächsform dazu zwingt, diese ganze so fatal theoretisierend wirkende Wissenschaftssprache mit ihrem Fach- und Fremdwortschatz wegzuschmeißen. Damit entfällt die distanzschaffende Wirkung der Fachwörter.

Anders herum: durch das «Übersetzen» der Fach- in die Altagssprache (und Möglichkeit der «Rückübersetzung» dank des «wissenschaftlichen» Anhangs – Klasse!), und zwar einer Sprache, die *dennoch* analytisch/genau bleibt, animiert man die Leserinnen (oder gibt es auch Leser?) hoffentlich zu einer praxisorientierten Rezeptionsweise des Inhaltes (dies ist jedenfalls *meine* Erfahrung).

Animiert zu eigener Verhaltensänderung hat mich dieses Buch gerade *mit* seinen «Kaffeeklatschgesprächen» auch deshalb, weil die tatsächlichen Gespräche unter Müttern immer noch viel zu sehr vom Konkurrenzverhalten und den damit einhergehenden Gefühlen von Unsicherheit, Angst, Neid etc. bestimmt werden.

Wir Frauen sind halt auch ein Spiegel unserer Gesellschaft. Die hier in dem Buch vorgestellte kooperative Zusammenarbeit von Frauen ist – für mich – eine (wunderbare) Utopie.

Mein verzweifelter Wunsch ist es, etwas davon in die Praxis umzusetzen. Das ist aber verdammt schwer. Es gehört so verflucht viel Selbstsicherheit dazu, die Schwelle dieses Scheißkonkurrenzgehabes zu überspringen und offen, also unabgesichert, die eigene Schwäche, das eigene Versagen, die eigene Beschränktheit und ideologische Blindheit zu offerieren. Vor allem, wenn der Ball so selten aufgefangen wird.

Naja, man stirbt nicht daran.

Aber inzwischen bin ich dieses «Nur» – mit Müttern nur übers Kind reden und seufzenseufzenseufzen – auch schon wieder leid, weil es – so *meine* Erfahrung – immer wieder beim Seufzen endet, statt, wie in dem Buch, mal umzuschlagen in organisatorische Veränderungen, und seien diese noch so winzig. Aber damit fängt es an (aber wer begreift das?).

Es müßte noch so ein Buch geschrieben werden wie dieses, wo ein Dialog stattfindet zwischen den *Eltern* (mehreren) über den Kindertrotz, wo diesmal aber die beruflichen Ambitionen der *Eltern* – also *ihr* Unabhängigkeits- und Verwirklichungsdrang – eine mindestens genauso breite Rolle einnehmen müssen wie der «Trotzkampf» um die Individuation der Kinder.

Und das Wort TROTZ finde ich für diesen Entwicklungsprozeß genau richtig!

Man *muß* der Umwelt trotzen können, wenn man seinen eigenen Weg finden will. Gerade wir Mütter müssen das! Wir müssen *mit*trotzen mit unseren Kindern! Mitkämpfen, trotzig, standhaft, um *unseren* Spielraum, um die Entfaltung *unserer* Fähigkeiten, um *unseren* Anteil am gesellschaftlichen Reichtum! Und zwar auch gegen unsere Ehemänner! (O je, da gibt es noch viel verkapptes Patriarchentum!)

Eltern und Kinder müssen sich *gegenseitig* «antrotzen», italienisch *laut*, mit Opernbegleitung!!!

Okay, die Eltern – soweit möglich – theatralisch übersteigert, also bereit, sich stets ein bißchen auch über sich selbst lustig zu machen, damit nicht gleich die Ehe in die Brüche geht und die Kinder im Heim landen – aber nichtsdesto*trotz* BEHARRLICH, ENERGISCH, TATKRÄFTIG, KONSEQUENT, *also* KÄMPFERISCH!!! sich «zusammenraufen» *so*, daß jedes (!) Familienmitglied seine Individualität ausleben kann HIER UND HEUTE.

Mit entsprechend trotzigem Gruß
Barbara Leysieffer-Frölich